虚拟现实技术
在高校教学中的
应用研究

丁良喜　著

延边大学出版社

图书在版编目（CIP）数据

虚拟现实技术在高校教学中的应用研究 / 丁良喜著
. -- 延吉 : 延边大学出版社，2023.5
ISBN 978-7-230-04824-8

Ⅰ．①虚… Ⅱ．①丁… Ⅲ．①虚拟现实－应用－高等
学校－教学研究 Ⅳ．①G642.0

中国国家版本馆 CIP 数据核字(2023)第 077963 号

虚拟现实技术在高校教学中的应用研究

著　　者：丁良喜
责任编辑：胡巍洋
封面设计：文合文化
出版发行：延边大学出版社
社　　址：吉林省延吉市公园路 977 号　　　邮　　编：133002
网　　址：http://www.ydcbs.com
E - m a i l：ydcbs@ydcbs.com
电　　话：0433-2732435　　　　　传　　真：0433-2732434
发行电话：0433-2733056
印　　刷：三河市嵩川印刷有限公司
开　　本：787 mm×1092 mm　1/16
印　　张：8.5　　　　　　　　　字　　数：102 千字
版　　次：2023 年 5 月　第 1 版
印　　次：2023 年 5 月　第 1 次印刷
ISBN 978-7-230-04824-8

定　　价：46.00 元

前　言

　　教育信息化是目前我国教育发展的重要指导方向。为了推进信息化教育的进程，促进信息技术与教育深度融合，确保广大学子信息素养的提升从理念变为现实行动，国家各级部门先后出台了一系列政策文件。信息产业的发展改变了人类知识分享与创新的方式。生长在信息化时代的学习者，更习惯非线性思维、超文本阅读、图形化思考、信息并行处理，这种学习行为的改变，客观上要求教育工作者不断调整教学行为、改变管理方式来加以适应。从这一点来看，基于信息技术的网络化新思维、新技术势必全面渗透整个教育生态，进而引起教育理念、教学内容、教学方法、学习方式和管理模式等的深刻变革。

　　源于20世纪60年代的虚拟现实技术是信息技术的杰出代表。然而，由于一些客观原因，我国虚拟现实技术的研究起步较晚，发展相对滞后。对此，国家多个部门出台政策文件对虚拟现实技术的发展加以支持和鼓励，各地也纷纷采取有效措施加速推进，以占领虚拟现实产业发展的制高点，机遇、挑战、问题、举措等迎面扑来。在各政策文件的落实、推进过程中，虚拟现实相关内容丰富多彩，取得的成果可圈可点，尤其是近年随着硬件性能的提升和成本的大幅降低，虚拟现实技术获得长足进步，得到各界充分肯定。但是，面对"高校教学＋虚拟现实"这一促进高校教学变革的庞大体系，其系统之复杂、误区之多、融合创新应用之难，都迫切需要对虚拟现实技术及其在高校教学中的应用进行科学、系统和全面的梳理。

本书对虚拟现实技术在高校教学中的应用进行了切实研究，对虚拟现实技术的基础理论进行了一定介绍，并对虚拟现实技术在高校教学中的具体应用举例，期望能对虚拟现实技术在高校教学中的应用起到一定的作用。

本书由南昌理工学院丁良喜独立撰写，在写作过程中，得到了南昌理工学院智能教育产业研究院、北京师范大学教育机器人研究中心、江西省工程师联合会、深圳市博库人才科技集团有限公司、深圳市中博联人才发展中心、江西省博库人才服务有限公司等单位的大力支持和无私帮助，在此致以诚挚的感谢！

本书是 2020 年江西省高校人文社会科学规划项目"基于 VR 的高校思想政治理论课虚拟实践教学研究"（课题编号：JC20111）；2020 年江西省高校党建研究项目规划项目"'VR+智慧型党建阵地'模式构建研究"（课题编号：20DJYB049）的研究成果，在此对课题组全体成员的付出表示感谢！

目　　录

第1章　虚拟现实技术概述 ……………………………………………… 1

1.1　虚拟现实技术的概念与特性 ……………………………………… 1

1.2　虚拟现实技术的发展 ……………………………………………… 3

1.3　虚拟现实技术对审美的影响 ……………………………………… 7

1.4　虚拟现实技术的媒体适应性 ……………………………………… 17

1.5　虚拟现实技术的多维信息空间 …………………………………… 25

1.6　虚拟现实复合系统 ………………………………………………… 27

第2章　虚拟现实的关键技术 …………………………………………… 32

2.1　三维环境建模技术 ………………………………………………… 33

2.2　立体显示技术 ……………………………………………………… 39

2.3　三维虚拟声音技术 ………………………………………………… 46

2.4　人机自然交互技术 ………………………………………………… 57

2.5　虚实场景融合 ……………………………………………………… 68

第3章　虚拟现实技术与高校教学 ……………………………………… 71

3.1　虚拟现实技术在高校教学中应用的可行性研究 ………………… 71

3.2　虚拟现实技术在高校教学中应用的理论基础 …………………… 74

3.3 虚拟现实教学概述 ································· 79

3.4 虚拟现实技术与互联网教育的结合 ················ 82

3.5 虚拟现实实验室的实现 ·························· 86

3.6 虚拟现实课件制作 ···························· 91

3.7 虚拟现实教室 ······························· 92

3.8 虚拟现实技术应用于高校教学的优势 ·············· 94

第 4 章 虚拟现实技术在高校教学中的应用举例 ········· **97**

4.1 基于虚拟现实技术的计算机教学 ················· 97

4.2 虚拟现实技术与装饰构造教学 ·················· 100

4.3 虚拟现实技术与高校体育教学 ·················· 105

4.4 虚拟现实技术与现代医学教育 ·················· 111

4.5 虚拟现实教育生态体系的构建与发展 ·············· 112

4.6 虚拟现实技术在英语专业中的应用 ··············· 122

4.7 虚拟现实技术在轨道交通专业中的应用 ············ 125

参考文献 ····································· **128**

第 1 章 虚拟现实技术概述

1.1 虚拟现实技术的概念与特性

1.1.1 什么是虚拟现实技术

虚拟现实（Virtual Reality，VR）技术是在计算机技术不断发展的过程中衍生出的一种高新技术，一般情况下也可以将其称为"灵境技术"。"虚拟现实"这一概念是在 20 世纪 80 年代初被提出的，它具体指通过计算机和最新的传感技术创建的人机交互的新方式。虚拟现实技术主要是借助计算机生成的三维虚拟空间，使人们从中获得听觉、视觉以及触觉等多方面的感官模拟，以此来产生一种身临其境之感。虚拟现实技术是一种较为先进的技术，它融合了计算机仿真技术、显示技术、计算机图形技术、人工智能、传感技术等多项科技成果，体验者可以在间接状态下感知计算机技术带来的"虚拟"环境，并从中获得一些具有真实体验感的物理体验。虚拟现实技术最显著的特点是交互性和现实性，它可以让人感受到周围的环境，如看到的、触摸到的东西等，在这个过程中，体验者并不是被动的感受者，而是主动设计和操作这一切的执行者。

1.1.2 虚拟现实技术的特点

虚拟现实技术最大的特点就是用户可以沉浸在这个虚拟环境中，通过佩戴专门的虚拟现实眼镜或头盔等设备，体验一种身临其境的感觉。同时，这种感觉没有明确的边界限制，用户甚至可以进行 360 度无死角的全景式交互，从而获得最大化的沉浸式体验。虚拟现实技术的特点主要有以下几点：

1.1.2.1 沉浸性

这是虚拟现实技术最主要的特点，主要体现在让用户"成为"这个虚拟环境的一部分，从而消除虚拟环境可能带来的不适应的感觉。同时，这种沉浸性还体现在系统要尽量不让用户受到虚拟环境之外环境的影响，一切以用户的实际体验为核心。

1.1.2.2 交互性

虚拟现实技术的交互性主要体现在用户与所参与的模拟环境内的物体有互动，用户的操作能对环境本身造成影响。当用户接触到虚拟环境中的人或物体时，应当能感觉到对方给自己相应的信息反馈，这种反馈应该是近乎真实的、全方位的。

1.1.2.3 想象性

在真实环境中，人可以通过有限的信息进行联想和想象，从而在脑海中搭建出属于自己的新的模拟环境。虚拟现实技术同样可以满足人们的这一需求，并且能在原有的基础上拓宽信息范围，使用户不仅仅局限于被动地接收信息，还可以利用主观能动性来自主地选择想要接收的信息，从而更好地创立新环境。

1.1.2.4 自主性

从某种意义上说，虚拟现实技术是"有思想"的，它会获取实际环境的三维数据，并利用获取的三维数据建立相应的虚拟环境模型。虚拟环境中的物体是依据物理定律进行动作的。

1.1.2.5 多感知性

所谓多感知性，指除了一般计算机技术所具有的视觉感知，虚拟现实技术还包括听觉、力觉、触觉和运动感知，甚至包括味觉感知、嗅觉感知等。

与其他媒体技术相比，虚拟现实技术因其先进性而具有巨大的优势。但由于受目前技术所限，虚拟现实技术的其他功能还有待进一步开发。

1.2 虚拟现实技术的发展

我国早在 20 世纪 90 年代就已经开始对虚拟现实技术进行研究，那个时候因为受到技术以及成本等多方面因素的制约，虚拟现实技术以商用或军用为主。在社会不断发展的过程中，计算机软件和硬件技术得到了快速发展，虚拟现实技术也得到了进一步的发展与完善，开始逐渐进入大众市场，应用范围也变得越来越大。

虚拟现实技术从某些方面来说为人机交互界面的发展提供了一个全新

的研究领域，其基于可计算信息的沉浸式交互环境，以计算机技术为核心，然后以此来生成一个逼真的视、听、触一体化环境，让使用者能够在这一环境中获得较为直接的感官体验。虚拟现实技术直接改善了人们利用计算机进行数据处理的方式，特别是在对大量抽象数据进行处理的过程中，应用虚拟现实技术能够达到更好的效果，不同领域和企业应用虚拟现实技术还能获得较为显著的经济效益。

1.2.1 虚拟现实技术的现状分析

虚拟现实最早是美国人提出的一个理念，之后被美国国家航空航天局（National Aeronautics and Space Administration，NASA）应用到航天事业中，由此人们开始了对成本较低的虚拟现实系统的研发。从某种程度上来说，这对虚拟现实技术的硬件发展具有一定的推动作用。虽然虚拟现实技术现如今已经取得了较为明显的发展和进步，但就实际发展情况来看，其依然处于初级研究阶段。就虚拟现实技术的研究现状来说，其主要是研究感知、硬件、后台软件以及用户界面几个方面，而场馆虚拟漫游可以说是研究中较为困难的一个方面。一般情况下，在建模与绘制的过程中，都会在绘制速度与模型精细度上选择一个较为恰当的平衡点，这样不仅能有效地保障绘制质量，还能改善用户体验。如今，世界上已经有许多虚拟现实技术开发商，并且这些开发商也已经开发出了一些使用虚拟现实技术的平台，这些平台在很大程度上促进了虚拟现实技术的应用效果的提升。但是，从总体开发现状来看，虚拟现实技术仍然存在较多问题。

1.2.2 虚拟现实技术的发展趋势

虚拟现实技术是以众多相关技术为基础发展起来的一种高度集成的技术，是计算机硬件技术、传感技术、机器人技术及人工智能技术等飞速发展的结晶。虚拟现实技术在当前社会中具有良好的应用前景，能满足多种工作环境的需求。未来虚拟现实技术将会朝着以下方向进一步发展：

1.2.2.1 发展动态环境建立技术

虚拟现实技术在实际应用过程中，最为关键的还是对虚拟环境的创建，而就这一部分内容而言，动态环境建立技术是实现的关键。动态环境建立技术的发展能够使人们获得更为真实的环境数据，从而也就能够创设出更为真实的虚拟环境模型。

1.2.2.2 实时三维图像生成与显示

如今，三维图像生成技术已经步入了成熟阶段，其今后的发展方向是如何实时生成与显示，尤其是如何在不降低图像质量与复杂程度的前提下实现频率的刷新，这可以说是虚拟现实技术在今后发展过程中较为重点的研究内容。除此之外，虚拟现实技术本身就依赖于传感器与立体显示器，所以，在今后的研究过程中还需要对三维图像的生成与显示技术进一步研究与开发，更好地满足系统需求，真正有效地发挥出虚拟现实技术的价值，并将其有效地应用到各个领域中。

1.2.2.3 加强对新型交互设备的研制

在运用虚拟现实技术的过程中，要想有效地实现使用者和虚拟世界内的对象自由进行交互，就要借助主要的输出、输入设备，以及数据手套、三维声音产生器、头盔显示器、三维位置传感器等一系列交互设备。为了能够进一步促进虚拟现实技术的发展与进步，人们在对虚拟现实技术进行研究的过程中，必然要加强对这些交互设备的研究，尽量研制出价格低、耐用性较高的新型交互设备，从而进一步发挥出其对各个领域的促进作用。由此可见，虚拟现实技术今后发展的趋势必然包含加强对新型交互设备的研制这一课题。我国在研究虚拟现实技术的过程中就可对新型交互设备展开研究与分析，进一步促进虚拟现实技术的发展与进步，从而促进虚拟现实技术在各个领域中的应用。

1.2.2.4 智能语音虚拟建模

智能语音虚拟建模这项工作本身就十分复杂，在实际操作过程中需要花费较多的时间及精力，在研究过程中如果能够将语音识别、智能识别等技术和虚拟现实技术有效地结合在一起，就能更好地完成智能语音虚拟建模。在智能语音虚拟建模的发展过程中，人们可以对模型本身的属性、工作方法和特点进行描述，借助语音识别技术对建模数据进行有效转化，同时借助计算机图像处理技术和人工智能技术对智能语音虚拟建模进行有效的设计与评价，将模型使用对象表示出来，同时还能按逻辑关系让各个模型都能够进行静态与动态的有效衔接，进而构建出具有高价值的系统模型。在建模工作完成之后，还需要对其进行有效的评价，而且借助有效的评价进一步发挥其价值，并通过人工语言进行再次编辑、确认，由此促进虚拟现实技术的发展与进步。

1.2.2.5 积极使用大型分布式网络虚拟现实

以虚拟现实技术为基础的分布式网络，其主要任务是将零散的虚拟现实系统和仿真器借助网络有效地衔接在一起，在这一过程中，相关人员需要使用统一的标准、数据库、结构和协议来创建一个在时间、空间等多方面有效联系的虚拟合成系统，而使用者则可以在这一过程中进行自由且有效的交互，从而最大限度地发挥虚拟现实技术的价值。就从目前分布式网络虚拟现实的交互现状来看，其已经成了国际研究热点之一，所以在今后的虚拟现实技术发展过程中，积极使用大型分布式网络虚拟现实是其发展的重要途径之一，借助这一技术能够有效地减少不必要的研究成本与经费，同时还能有效地减少相关人员的不适感，进一步发挥虚拟现实技术对各领域的促进作用。

1.3 虚拟现实技术对审美的影响

虚拟现实技术是随着计算机技术和人工智能技术的进步而发展起来的计算机应用技术，也有人将其视为一种新的媒体或一种新的艺术形式。从审美体验来看，虚拟现实技术带来了一些新的变化，如临场式沉浸、强烈感官冲击的审美对象、纯粹的审美主体等。

一般来说，审美是一种情感体验，但情感体验并不是凭空发生的，而是触景（物）而"生"，或是阅、听而"成"的。这里的"生""成"，按照中国传统的观点就是"意象"的生成，即由"象"而触发"意"。"象"的来源可以是外在的"景"，也可以是艺术家创造的"形"、乐师演奏的"音"、文学家书写的"文"。这些"景"带有观看的局限性，而"形""音""文"的形象带有模糊性，因此人们在审美体验的过程中，虽情感强烈，但与实际的经历相比，体验还是会弱一些。但虚拟现实技术的出现改变了这种状况，它使人们的审美与实际经历变得一模一样，甚至更为真实。

1.3.1 临场式沉浸

2016 年是虚拟现实技术进入我国影视业的第一年。虚拟现实技术将体验者带入全新的、具有颠覆性的影像审美之旅中，把观众从现实世界带入一个全新的时空，使观众在新的时空中实现三维、四维乃至更高维度的时空之旅。电影理论家贝拉·巴拉兹认为，电影相较于传统艺术的突破在于"消除了观众与艺术作品之间的距离，并且有意识地在观众头脑里创造一种幻觉，使他们感觉仿佛亲身参与了电影的虚幻空间里所发生的剧情"，他直言，"黑暗的房间和镶着黑框、一封吊唁信似的银幕已经体现出了唯独电影才有且能产生效应的条件——与外界没有任何交流、通话或通信联系。放映和映射发生在一个封闭的空间中，而在里面的人，无论他是否意识到（或者根本不会去意识），都像是被拴住、俘获或征服了一样"。与文学、绘画等艺术形式相比，电影所要求的审美环境相对封闭，其目的是营造不受干扰的环境，让观众尽快沉浸在剧情中，进入审美欣赏状态。审美欣赏需要"沉浸"，要求审美主体排除外界干扰"沉入"审美对象中，但"沉浸"不是一件容易的事。从审美对象来看，现实中很难存在纯粹的审美客体，很少有纯粹的美存在。伊曼努尔·康德曾将美分为纯粹美和依存美。纯粹美就是那些简单的花边图案，这样的东西其实没有强烈的美感，只是浅层次的形式美感。所以，他把美的理想寄托于依存美，但依存美势必与现实世界发生联系，不能保持纯粹性，不是纯粹客体。客体的不纯粹势必会让主体产生更多的联想，从而给主体的沉浸带来阻碍。从主体方面来看，主体身处现实之中，周边环境的干扰、心情的变化、本身的心态等都会影响其进入沉浸状态。从审美发生的环境状态来看，环境越单纯，干扰越少，就越容易促成审美的发生。大多数人读书时喜欢安静的环境，就是希望尽可能地免受周边环境干扰，尽快地沉浸到书中，而电影在黑暗、安静的环境中放映效果最好，也是同样的原因。

虚拟现实技术的到来，可能令"沉浸"达到一个新的高度——临场式沉浸，一种与真实发生场景无差别的拟态"沉入"，这也是传统审美的理想状态。虚拟现实技术让体验者完全沉浸于虚拟的世界（事件）之中。就审美而言，美感首先来自眼、耳的感觉。如果眼睛与耳朵不受外界的干扰，大脑就会直接面对对象，全身心地投入对象中去。理想的虚拟现实系统还外接有其他感觉仪器（目前主要为插管），通过将其与人体的味觉、嗅觉、触觉等相连，形成多维虚拟现实系统。未来肯定有更为理想的虚拟现实系统，它或许能在使用时完全隔绝外界的信息，呈现一个具有完整信息的虚拟世界，让人类在审美时处于完全沉浸的状态。打动心灵的场景曾经要依靠想象，如今则依靠全方位诉诸感官的沉浸式体验。这种由沉浸带来的体验，也动摇了传统的基于有距离的观赏和凝视所构建起来的观看的形而上学。

Oculus 公司视频负责人尤金·魏表示："虚拟现实将成为我们有生之年电影制作所发生的最大变化，其可以媲美有声电影或彩色电影革命。"与以往不同，观众观看虚拟现实影视需要使用一些工具，主要有头戴式显示器、数据手套或身体套装等，这些工具能让观众体验到一个仿真的世界，这是一种超视觉和听觉的体验。2016 年，在电影《云中行走》的宣传活动中，宣传公司提供了一些由索尼公司生产的 Play Station 虚拟现实设备，邀请观众体验《云中行走》中的片段。众多参与者表示，观影时感觉自己被一股突如其来的神圣感击倒，泪如雨下，那种令人窒息的体验从未有过，难以言喻，这也许是很多电影制作者梦寐以求的效果。这种由感官所引发的情感共鸣，正是一种前所未有的大胆尝试。在电影世界中，一切想象都在成为现实。早在1970年，迈克尔·拉什就写道："电脑在艺术上的作用，已经开始接近全新的审美体验"，因为"你不是在观看电影，你是在进入一部电影"。

虚拟现实作品的特殊观看方式具有强大的临场感，可以使观看者很快进入状态。这种临场感正是数千年来艺术发展所追求的终极状态，今天终于实现了。

1.3.2 强烈感官冲击的审美对象

笼统而言，审美的对象就是美。康德认为，美是想象中的愉快；黑格尔和马克思认为，美是自由创造的愉快；中国传统美学认为，美是想象的和谐共鸣。这些思想的共同之处在于，美是由人构想出来的关于愉快的判断。当然这个构想并不是凭空产生的，而是有所凭依：美只能存在于想象之中。无论是康德认为的美，还是黑格尔和马克思认为的美，抑或是中国传统美学认为的美，都包含着这种思想。美是理想对现实的导引。理想是一个相对终极的目标，是一步步达成的，达成的路径与现实相关，达到目标所给人们带来的愉悦，就是美的愉悦。传统的审美对象并不是一个真正的客体，而是一个意识客体。意识客体在柏拉图那里是"理式"的，它并不是一个真实的存在，而是人的主观所赋予的存在。艺术作品也是一种意识客体，是一种纯粹（审美）的意识客体，它比"理式"更复杂，它自己构成一个完整的世界。意识客体不能直接作用于人，不能给人带来真实的感官冲击，只能影响人的精神或意识。如曹雪芹的《红楼梦》不能真正带我们住到大观园中去；罗中立的《父亲》不会答应我们的呼唤；张艺谋的《红高粱》不可能让我们真正喝到九儿的高粱酒。但面对这些审美对象，我们可以通过想象构建出意识客体（意象），通过审美体验使我们获得精神愉悦。意识客体不与现实世界直接相连，因而无法对主体产生直接的感官冲击，主体的感觉体验主要来自大脑的想象。如我们在阅读《红楼梦》时，要通过自己的想象来再现贾宝玉、林黛玉等人的形象以及彼此之间的情感，这些想象我们称之为"体验"，这种体验没有直接的感官冲击。绘画和电影能给我们带来视听上的感官冲击，但其画面大都局限于平面，其逼真性虽比文学强，但仍不能与现实的感官冲击相提并论。

其实，从艺术的发展史来看，人类一直在寻找感官冲击更强烈的艺术形式。所谓八大艺术（文学、绘画、音乐、舞蹈、雕塑、建筑、戏剧、电影），基本是按感官的冲击度循序发展的。文学没有感官冲击，绘画、舞蹈、雕塑和建筑带来的是视觉感官上的冲击，音乐带来的是听觉感官上的冲击，戏剧和电影则带来视听感官上的冲击。虽然戏剧可以带来一些嗅觉、味觉的冲击，但很少实际实施。传统电影的场景可以做得很逼真，但大多在二维平面展开，视听感官冲击的力度可以做得较强，但其他感官的冲击则没有。所以，虚拟现实技术的出现，可能是人类艺术发展史上的一个重要事件，意味着人类在追求艺术感官冲击的路上前进了一大步。全球著名电子艺术家、虚拟现实电影制片人克里斯·米尔克曾说："虚拟现实将在媒介变革上发挥至关重要的作用。事实上，它也将是历史上最后一种媒介。因为它第一次实现了一种跨越，从解读作者表达的内在含义而想象他的体验，到现在可以零距离感受他。"

无论是虚拟现实艺术作品，还是虚拟现实应用性作品，都是意识客体。但是，虚拟现实艺术作品的意识性与以往艺术作品不同，从某种意义上说，其意识的纯粹性有所减弱，虽然还没有物的客观性，但它对主体已经有了感官上的冲击。

虚拟现实作品的演绎需要主体去点亮。主体目光关注的地方或主体产生感官反应的地方，才是作品需要演绎的地方。因此，主体是事件演绎发展中的一员，如果配合其他感官设备，主体全身心沉浸其中，其感官所受的冲击将与真实世界没有多少区别，这就是虚拟现实作品的临场感。显然，虚拟现实作品的纯粹意识性已大大减弱，它具有真实世界的特性，能够给主体带来直接且强烈的全感官冲击。这些观看（欣赏）甚至已经不是传统意义上的审美，因为审美是"超然"的事情。所谓超然，即意识上对具体事物的超越，也是感官本身不受冲击的超脱。当然，虚拟现实作品的全感官冲击并不是真实的，它有痛感存在，但主体并不能感到痛苦；有嗅觉存在，但主体并不能受到真正的分子刺激；有味觉的感受，但主体并不能真正地大快朵颐。从某种意义上说，这些感官冲击还是超然的，还在审美的范畴之内。但是，虚拟现实作品强烈的感官冲击并不比现实弱，甚至更强，有时，人们根本无法区别。特别是当虚拟现实技术发展到混合现实时，人们可能已经不能区别或无须区别虚拟与现实的不同，因为它们本就是一体的了。

由此可以发现，以前的审美对象（主要是艺术作品）是纯粹的意识客体，只能与人们的精神世界沟通，不能干扰人们生存的物质世界，因为它撼动不了人们的物质感官。但虚拟现实作品除了跟艺术作品一样能与人们的精神世界进行沟通，还能撼动人们的物质感官，它的发展能延伸到人们真正生存的世界，成为物质世界的一部分，虚拟现实作品作为审美对象的特质就发生了根本性的变化。

1.3.3 纯粹的审美主体

审美活动中的理想审美主体是这样一种存在：他超然物外却又在物中，处于一种物我相忘，物我同一的愉悦之中。事实上，这种纯粹的审美主体很难存在，即使是所谓的"高峰体验"中的主体，也很难不与外界有感觉上的连通。审美主体以往的审美活动都处于开放的环境中，安静地阅读，静静地赏玩，或是在黑暗中进行观影，主体的感觉器官虽集中于审美对象，但突发性事件、意识的警觉性、感觉的多通道性，使得周围一有风吹草动，沉浸就可能被中断或被干扰，进而影响审美的纯粹性。即使外界没有风吹草动，审美主体的意识也不可能完全集中于审美对象。环境是开放的，无论是静谧的书房，还是黑暗的放映场，主体都可与周围人或物交接，这使其意识不能完全集中。

但是，虚拟现实中的欣赏主体是完全不同的，虚拟现实营造的环境阻断了主体与外界的联系，理想的虚拟现实系统甚至接管了人所有的感觉器官。主体与外界基本没有连通，主体处于隔绝状态。此时，主体变成了一个纯粹的"观赏者"，一个纯粹的审美主体。

虚拟现实中的审美主体不仅可以纯粹地"观赏"对象，甚至还可以进入观赏对象，成为一个体验者。这种体验虽然是想象性的体验，但比传统的审美体验更进了一步。传统的审美体验是视听感官刺激下的纯粹想象性体验，而虚拟现实中的体验是全感官刺激下的逼真体验，主体能感觉到自己参与了事件的进程。

马歇尔·麦克卢汉说："卫星的影响是把这个行星转变成一个环球剧场，姹紫嫣红的舞台剧目远远超过好莱坞昔日构想的任何东西。环球剧场要求这个世界的居民不仅当观众，而且参加剧组的创作。"虚拟现实技术也许是实现麦克卢汉未来媒介构想的最佳手段。虚拟现实产品通过计算机捕捉主体的多种感觉（触觉、嗅觉、味觉等）和动作（语音、手写、姿势、视线、表情等），实现及时反馈，而主体则通过借助虚拟交互设备实现与电影中人物的"对话"。这些互动都是在封闭的空间中实现的，主体正是通过穿戴虚拟现实设备（头盔、眼镜等）得以实现人机"对话"。未来，虚拟现实技术将不是简单的 4D 或 5D 技术，不是对触觉、嗅觉、味觉的简单模拟，而将是一种真实的沉浸体验，人们可能会利用数字技术找到感官与数字之间的联络通道。既然可以数字化图形、影像和声音，那么，是否可以数字化气味、味道以及触感？未来的影院也许会有散发气味的银幕、有触感的座椅，或"从天而降"的虚拟食物等。此时的主体不仅仅是一个审美体验者，因为虚拟现实中的交互叙事会使他梦想成真，他的目光落到哪里，哪里就会闪亮，故事的演绎就从此开始。另外，虚拟现实系统与观看电影是不同的，电影是多人同时观看，观看对象为大家共同所有，即使只有一个人看，观看的系统还是开放的，观看主体也不会认为观看对象是为自己所独有的。而虚拟现实系统是封闭的，所以，在观看主体的意识中，观看对象是自己所独有的，观看主体与观看对象自成一体。在某种意义上，观看对象只为观看主体而存在，观看对象存在与展开的目的只与此时的观看主体有关。

纯粹主体一直是审美追求的最高境界，但是这种境界在现实中是不可能实现的，因为任何人在任何境况下都会与现实世界产生联系。在庄子的《逍遥游》中，大到扶摇而上九万里的鲲鹏，小到芦苇中的燕雀，它们的活动都要有所凭依，有所限制，不能随心所欲。这就是现实对主体的制约。其实庄子也知道无任何制约的"至人"是不存在的，所以，他提出"心斋""坐忘"，清心寡欲，尽最大可能地接近"至人"境界。当然，虚拟现实中的主体也不可能是真正的"至人"，尽管理想的虚拟现实系统接管了人的感觉器官，但人的感觉器官遍布全身，主体在外力的作用下还是能够被"唤醒"的，即使没有外力，也可以自觉"醒来"。"沉浸"只是主体的一种短暂状态，不是主体的本然状态。许多时候，主体并不追求独享感，他更期待分享，分享是审美的愉悦状态之一。虽然虚拟现实的观赏方式确实可以让主体任性、自由、独尊和独享，这是虚拟现实作品给主体带来的新变化，但是，它使主体变得至高无上，也使主体变得更加孤独。

1.3.4 终极审美还是审美的终结

虚拟现实技术无疑让观众感受到了由现代科学技术创造出的极其逼真的虚拟世界和赛博空间虚拟现实的世界并不是一个真实的世界，而是一个"超真实"的剧场世界。让·鲍德里亚这样形容"超真实"世界的诞生："人们以前对'真实'的体验和真实的基础均告消失。于是仿象不再是对某个领域、某种指涉对象或某种实体的模拟。它无须原物或实体，而是通过模型来生产真实——一种超真实。"

从审美的角度看，虚拟现实技术可以让人们进入理想的审美状态，特别是当虚拟现实技术发展到增强现实、混合现实时，其美感更加强烈。如果说虚拟现实还只是让主体短暂地进入，退出后仍与世界相连，那么增强现实的现实感更强烈，而混合现实则是现实与虚拟不分了，就像《黑客帝国》一样，一会儿在网络中追杀打斗，一会儿又回到了现实之中，现实与虚拟交织。这样的状态，就审美来说，是不是一种终极状态？或者说是审美的终结？

就审美的终极状态来说，追求沉浸的虚拟现实完全可以达到主体完全沉入客体之中的状态，达到情景交融、我中有你、你中有我的理想状态。就审美的终结来说，审美是人的一种超然状态，是人的理想性生存，如果这种交融已经成为人们的生活，成为一种真实生存状态，人们时刻处于这种状态之中，审美与日常生活达到了高度统一，实际上也就没有了审美，即审美的终结。

唐娜·哈拉维曾指出，20 世纪后期，在美国的科学文化中有三个至关重要的界限发生了变化：首先是人与动物的界限被打破；其次是人、动物和机器之间界限的模糊；最后是物质世界与非物质世界的相互渗透，使得赛博格想象成为可能。显然，在虚拟现实和强现实系统中，主体还保留着人的感觉特性，还是人格化的人。但在混合现实系统中，人已经变成"赛博格人"了，"他"不仅有人的感觉能力，更有强大的电子感知能力，这样传统意义上的"人"也就不存在了。审美对"他们"来说，也许是不需要关心的问题。

马克·波斯特曾断言，当传统的物质媒介被数字媒介取代后，艺术家已不再是真正意义上的艺术主体，取而代之的将是超越日常身份而相互交往的网络参与者，是随缘演化的超媒体；艺术生成的主要方式将不再是目标明确的有意想象，而是随机性和计划性的新的结合；艺术所奉献的对象将不再是静观与谛听的观众，而是积极参与、恣意漫游的用户；艺术内容是主、客观不可分割的"数字化生存"；艺术的构成要素将不仅仅是人和自然，或者人性化的虚拟空间，还包括智能生物、高级机器人等由高科技创造的新型生物。如此，审美当然就不存在或要重新定义了。

1.4 虚拟现实技术的媒体适应性

虚拟现实技术作为近年来的热点话题之一，在经历了一段时间的发展之后，成了媒体转型的重要选择。虚拟现实技术的机遇与风险并存，其在与媒体互相适应的过程中不断优化，不断调整适应性策略。

虚拟现实技术诞生之初并不是专门为媒体传播服务的，在 20 世纪 50 年代已经出现了可以模拟多个场景的宽银幕影片，并同时模拟味觉和触觉，随后诞生的头盔显示器使得这一技术真正走向成熟。它对媒体的适应性也是随着时间和技术的发展而逐渐形成的，国外将虚拟现实技术与新闻相结合的报道可以追溯到 2012 年，而国内首次应用虚拟现实技术进行新闻报道则是在 2015 年，并且报道数量有逐年增加的趋势。但是，新技术的应用往往不是一帆风顺的，行业内的巨大变革也同样带来了新的挑战，下面来具体进行分析。

1.4.1 虚拟现实技术的媒体特征

现有的媒体传播模式除了报刊、广播、电视等传统媒体，也包括网络电视、数字广播、手机终端平台等一系列新兴媒体。作为一种新兴技术，虚拟现实自然会具有一些有别于传统媒体的特征，主要表现在以下方面：

1.4.1.1 叙事报道特征

传统媒体的叙事多通过固有的文字、图片、音频和视频呈现，以线性叙事为主，比较注重事件的完整性、时空的连续性和内容的因果性。虚拟现实新闻往往采用非线性叙事手法，不按传统的顺序进行报道，其叙事手法具有离散性和偶然性，往往以碎片化、非固定视角的形式从不同的角度与层次来报道事件的进展。从这一点上看，两者是有一定区别的。

1.4.1.2 内容制作特征

传统媒体的信息生产工作主要分为两种，一种是采编分离，即采访和编辑工作是分开的，两者合作完成媒体信息的生产，对工作人员的技能要求相对单一；另一种是采编一体，即媒体信息生产过程由单一团队统一完成，工作人员既是记者也是编辑，兼顾文字、美术、摄像等一系列工作。

对于虚拟现实技术来说，多感知性决定了其制作团队要从技术实现、美学效果等多个角度来考虑选题，而不仅仅是由新闻价值来决定。因此具有更高适应性的全媒体记者会更加符合虚拟现实新闻的制作要求，这是由虚拟现实技术的特性所决定的。

1.4.1.3 传受关系特征

以电视媒体为例，传统的媒体信息由制作团队来选择和把控如何进行传递，而大多数受众都是间接或被动地接收信息。虚拟现实新闻的受众可以借助自主选择的方式来转换接收角度，参与信息接收，甚至可以与新闻主体进行交流，获得更为真切的体验和感受，这一点是传统媒体很难达到的。

1.4.2 虚拟现实技术在国内外媒体中的应用

作为一种新兴技术，仅靠理论上的支持是无法得到推广的，因此广大媒体纷纷开始推出属于自己的虚拟现实节目，让用户领略虚拟现实技术的风采。

1.4.2.1 国外媒体应用现状

2010 年，美国加利福尼亚大学的学者诺妮·德拉佩纳首次提出了"沉浸式新闻"的概念，也就是虚拟现实新闻的雏形。2012 年，由其牵头的团队创作了虚拟现实新闻纪录片《洛杉矶的饥饿》，引起巨大反响。

2013 年，美国《得梅因纪事报》（推出虚拟现实新闻纪录片《丰收的变化》，讲述了美国农业发展现状，被认为是传统媒体对虚拟现实新闻的初次尝试。

2015 年，《纽约时报》独立开发了名为"NYT 虚拟现实"的应用软件，并收购了一家虚拟现实技术公司，同时投放了虚拟现实广告，这一尝试为虚拟现实技术开启了新大门。同年，纳斯达克也进入了虚拟现实领域，使人们能够在虚拟环境下亲身感知公司上市、股票交易等财经类信息，让财经媒体也加入了虚拟现实内容的制作行列。

2016 年 8 月，里约热内卢奥运会的举办使众多媒体巨头嗅到了新的商机，纷纷在直播报道中采用了虚拟现实技术，使得虚拟现实技术在体育媒体方面大放异彩。

1.4.2.2 国内媒体应用现状

我国的虚拟现实技术较国外起步略晚,《山村里的幼儿园》作为我国首部虚拟现实纪录片于 2015 年 9 月发布,成为媒体焦点。随后,《人民日报》用虚拟现实技术对中国人民抗日战争暨世界反法西斯战争胜利 70 周年主题阅兵进行了全景报道。

2016 年全国两会期间,新华社等媒体纷纷采用虚拟现实技术进行新闻报道,掀起了一股虚拟现实新闻的热潮。2016 年 6 月,《重庆晨报》推出虚拟现实新闻频道,并开发了独立的客户端,使用者可以通过虚拟现实设备进行新闻体验。2016 年 8 月,里约热内卢奥运会期间,央视采用虚拟现实技术进行了超过 100 小时的报道,使国内的虚拟现实新闻水平向国际看齐。2016 年 10 月,在国家体育场"鸟巢"举办的《中国新歌声》总决赛采用了虚拟现实直播的方式,让国内的大型综艺节目也加入了虚拟现实内容制作的行列。

通过以上分析可以看出,国内外的虚拟现实技术发展至今,已经不仅仅是方向单一地发展运营,而是与当下最热门的媒体信息进行结合,注重在新媒体背景下的传统媒体技术改造,使两者有机地结合,从而使媒体行业实现转型升级。

1.4.3 虚拟现实技术的媒体适应困境

近年来,虚拟现实技术也由主流媒体渐渐向地方媒体和网络媒体转移,甚至一些出版社还推出了虚拟现实图书,发展形势一片大好。然而,当虚拟现实技术与新闻媒体融合之后,额外附带的新闻属性使得它无法回避传统新闻所具有的天然特性，如果只是一味地从技术层面追求虚拟现实的体验感，那么势必会带来新的问题。

1.4.3.1 虚拟现实设备成本高

虚拟现实新闻可分为两类，一类是页面式，手机登录即可观看，通过屏幕的轨迹来确定主体所观看到的内容，沉浸效果并不十分强烈；另一类则是借助专业的虚拟现实设备，达到无死角的完全沉浸式体验。可以看出，前者本质上只是把三维影像进行了二维化处理，再通过平面设备进行投射，与真正的虚拟环境还是有一定区别的。但是沉浸感更强的虚拟现实设备需要单独购买，携带起来也不够方便，这限制了它的使用场合。在能够使用设备的场合，商家往往也无法提供足够多的虚拟现实设备来供用户使用，这就在一定程度上阻碍了虚拟现实技术在媒体产业中的发展。用户也明白专用设备可以获得更好的体验，但不是每个用户都愿意为此承担一定量的额外支出。

1.4.3.2 虚拟现实的技术成本高

制作一期虚拟现实节目往往需要大量的人力和物力，以《丰收的变化》为例，前期拍摄素材时长达到了 320 小时，动用 22 名相关工作人员连续制作了 3 个月，最终完成的成片却只有 1 分钟。这样的制作周期势必耗费不菲，而获得的收入却难以预测，这是相关从业人员不愿看到的。从根本上来看，这还是技术发展程度不够导致的。从业人员的投入往往难以获得应有的回报，从而形成了恶性循环。

1.4.3.3 虚拟现实新闻的时效性差

新闻的价值很大一部分体现在时效性上，抢占头条一直是众多媒体的目标。网络媒体则将这一理念运用到了极致，许多能引起社会讨论的事件，在发生后的数小时甚至数分钟内就会传遍整个网络，这种现象彻底解除了时效性对新闻的制约。然而虚拟现实新闻的制作并不像普通新闻那样便捷快速，需要有专门的工作人员进行取景、拍摄、后期、配音、合成等一系列工作，这就导致虚拟现实新闻往往跟不上传统新闻的节奏，只能退而求其次，选择一些深度报道，或者连续性报道的内容，这就限制了虚拟现实技术的应用范围。

1.4.3.4 虚拟现实新闻的内容匮乏

从上一点可以看出，虚拟现实新闻受到时效性的约束，选题也就显得较为固定，内容上可选择的范围就相对小了很多，再加上国内虚拟现实技术起步较晚，发展模式还不够成熟，许多平台还在观望，导致虚拟现实新闻的内容还停留在大环境、大场面上。而用户往往出于猎奇的心理来观看这些内容，久而久之，大量同质化的内容易使用户产生审美疲劳，从而不能创造良好的沉浸式体验。

1.4.3.5 虚拟现实的交互反馈

作为虚拟现实的特质之一，交互性是毋庸置疑的。但是由于缺乏足够的内容，加上高昂的成本，虚拟现实技术的传播受到了一定的阻碍，使得虚拟现实的交互性并没有很好地在目前的内容里得以体现，反倒是传统新闻媒体可以通过评论、转发等一系列手段达到与用户深度互动的目的，这就使用户在选择上的偏向性并不是很强。同时，过强的交互性可能会让长期使用沉浸式体验设备的用户出现与社会交流不足等一系列现实问题，这也是需要警惕的。

1.4.3.6 虚拟现实的渠道分散化

传统媒体经过长久的考验，已经建立了一套成熟的固有体系，无论是前期制作还是后期推广，都有现成的模式可以借鉴。而虚拟现实作为新兴技术，其发展和运行都是在"摸着石头过河"，缺乏统一的规范和标准，在这种各自为战的大环境下，推广的难度可想而知。如何使各大媒体联合起来，尽快制定相应的规范标准，是虚拟现实媒体亟待解决的问题。

1.4.3.7 虚拟现实媒体从业人员匮乏

虚拟现实媒体本身就是新兴行业，从业者相对较少，而具有专业素质的媒体从业者更是少之又少。传统的媒体行业对精于某一方面的人才需求较多，而虚拟现实媒体需要的是能够把握新闻主题，分析新闻内涵，拍摄新闻内容，编辑新闻故事的综合型人才，同时还要掌握虚拟现实技术，这就对从业人员的素质提出了非常高的要求，人才的缺乏也是在所难免。

1.4.4 虚拟现实与媒体的适应性变革

从上面的分析可以看出，在传播环境上，现有媒体与虚拟现实技术具有一定的不兼容性，但并不是绝对化的，这种差异既是理念上的，也是技术上的。如果想让现有媒体与虚拟现实技术产生良好的"化学反应"，就需要在现有模式上进行变革。

1.4.4.1 虚拟现实技术对媒体领域的适应性调整

沉浸式体验让用户成为新闻现场的参与者，给用户带来了极大的自主权，让新闻的互动感更加强烈，这都是虚拟现实技术的优势所在。然而，这同样带来了新闻真实与客观的界限模糊的问题，使媒体本该具有的舆论引导作用减少。同时由于技术所限，虚拟现实新闻的题材往往局限于那些富有视觉冲击力的场景，比如军事、综艺节目等，这使新闻本身应具有的价值观产生弱化，最终有可能成为娱乐至上的消遣工具。

要从根本上解决虚拟现实技术存在的诸多问题，还需要时间。目前，最有可能突破的方向是拓宽虚拟现实技术的业务范围，针对内容进行创新，提高新闻价值。例如，针对人民群众关注的医疗、教育等资源进行深度挖掘，开发社区内容，让居民感受虚拟现实技术给生活带来的便利。有了广大的群众基础，虚拟现实技术才能发挥出应有的价值。

1.4.4.2 媒体对虚拟现实技术的适应性调整

在 21 世纪，数字新媒体的发展已势不可挡，传统媒体如果不能跟上时代的脚步，就可能被时代淘汰。因此，媒体的自主适应变革是一项具有积极意义的工作，作为时代前沿的虚拟现实技术自然而然就成了适应性变革的对标物。为此，各种媒体都做出了积极响应，例如，很多体育节目都很适合进行虚拟现实直播，媒体应相应地增设专门的虚拟现实频道，制作虚拟现实相关内容，从而让虚拟现实技术的应用变得更加广泛。同时，媒体从业者应调整自己的认识，联合各大媒体正确认识虚拟现实技术与媒体的关系，更加理性地面对虚拟现实技术带来的变化，建立培养相关技术人才的机制，及时制定相应的技术标准，为用户提供更加便利的服务。

在信息技术高速发展的今天，人们接收的信息时时刻刻都在发生变化，每一项新技术的诞生都可能为未来世界带来深远影响。变革是富有挑战性的，然而不变革就无法跟上时代的脚步，面对瞬息万变的世界，无论是虚拟现实技术还是媒体市场，双方做出双向性的应对调整是必然选择，只有这样，双方才可能最终实现强强联合。

1.5 虚拟现实技术的多维信息空间

虚拟现实技术综合了计算机图形技术、计算机仿真技术、传感技术、显示技术等多种科学技术，它在多维信息空间上创建一个虚拟信息环境，能使用户拥有身临其境的沉浸感，具有与环境交互的作用，并有助于启发构思。

为了建立起和谐的人机交互环境，需要本着以人为本的理念，来构造虚拟环境的多维信息空间，确立在此空间中处理问题和提高认识的信息处理标准，人的感知系统和认知系统，人类以往的经验与知识，以及虚拟现实系统就成了多维信息空间的主要组成部分。

1.5.1 多维信息空间的重要性

人类依靠自己的感知和认知能力全方位地获取信息，并在多维化的信息空间中认识问题。而通常计算机对信息的处理只是在数字化的单维信息空间中去处理问题，这就造成了人类认识问题的认识空间与所用的处理问题的方法空间不一致。人们难以理解计算机的处理结果，更难以把已有的感知经验或认知经验与处理结果直接联系起来。因此，我们需要突破计算机处理单维信息的限制，把它发展为具有处理多维信息能力的计算机处理系统。

1.5.2 多维信息空间的基本构成

近年来，由于计算机的应用，人们认识世界和改造世界的进程大大加速。但同时也开始对现有的用计算机表示和模拟物理世界的方法表示怀疑。例如，当人们需要对一个较复杂的物理情景进行实时模拟，并且还希望得到大量直观的模拟结果时，就会发现其计算量大增，即使使用最先进的超级计算机，也只能缩小被模拟的物理情景的规模或降低对直观性的要求。客观的需求迫使人们思考：是否应当改变表示和模拟物理世界的方法？这种一切依靠单维的数字化信息处理方法是否合理？怎样对人们已有的认知和体验进行信息处理？等等。换言之，在未来的信息社会中，人类希望自己在一个多维信息空间中去处理问题、提高认识。这种在多维信息空间中进行信息处理的工具或环境称为虚拟现实系统。人的感知系统和认知系统，人类以往的经验与知识都是多维信息空间的组成部分。

为了更好地说明多维信息空间的构成，不妨把它与传统的单维信息空间相比较。在数字化的单维信息空间内，信息处理工具（环境）是计算机，人与计算机的联系是通过键盘、二维鼠标和显示屏幕等发生的，人类以往的经验以数字化的形式存储在数据库内。在适人化的多维信息空间内，信息处理工具（环境）是虚拟现实系统，人与虚拟现实系统的联系是通过各种先进的传感器和人机接口系统发生的，人类以往的经验与体验都是理解问题、寻求解答和提出新概念的基础。

人通过传感器把自己的经验和体验传送给以计算机为核心的虚拟现实

系统，而虚拟现实系统通过作用器把处理结果输出给人，人基于过去已有的对该物理情景的经验、人在该物理环境中的现时体验以及虚拟现实系统的现时输出，在虚拟现实系统的帮助下，经过综合集成获得对客观世界的认识。虚拟现实系统处理这类问题的能力也得到同步的增长。

1.6 虚拟现实复合系统

虚拟现实系统是一种由多种计算机技术组合而成的复合系统。虚拟现实技术可以为参与者创造出更丰富的视觉、听觉、触觉、味觉和嗅觉体验。当今，虚拟现实的研究和发展方向主要集中在视听体验和人机交互这两大分支上。在视听体验方面，体验者可以通过普通显示器、头戴式立体显示屏等显示设备配合立体音响系统，获得视觉及听觉的沉浸式体验。在人机交互方面，体验者不仅可以通过鼠标及键盘与虚拟世界中的物体进行交互，还可以通过穿戴及使用具有传感功能的设备，体验到类似于真实世界中的"人—物"交互体验。而在未来，通过结合计算机网络、人工智能、远程控制等新兴技术，虚拟现实技术还可以为多个体验者同时营造真实的共有的临场感，在多人协作、社会交往等领域具有极为广阔的应用前景。

1.6.1 虚拟现实与计算机图形学

计算机图形学是计算机科学领域中的一个重要分支。计算机图形学的发展非常迅速，具有非常广阔的应用前景，可应用在科研仿真、军事推演、影视娱乐、教育教学等领域。

计算机图形学包含了很多有意思的分支，包括用户交互设计、真实感画面渲染、物理仿真模拟、可编程图形处理器实时计算、机器视觉等，是一门综合了计算机、数学、物理、艺术等学科的交叉学科。

在非计算机科学的其他专业领域中，通过与计算机图形学的辅助应用结合，工程师、科学家、艺术家都可以获得更好的工作辅助。正是计算机图形学使人们的日常生活发生了巨大的变化：更简单的移动设备中的界面交互形式，更丰富多样的影视娱乐体验，更简单、更专业的设计方案，等等。

三维建模是一种通过多种不同方法呈现真实世界中客观存在的物体外形的过程。建模方法包括数学表面建模、过程化建模、顶点逼近式建模等。利用建模工具，可以通过自动化或手动制作来生成物体的几何数据。常用的数学表面建模方法包括非均匀有理 B 样条建模、曲线建模等，它们都可以生成非常精准且光滑的模型表面，是工业设计中普遍采用的建模方法。顶点化的建模方式，则是艺术领域中最常采用的方法，艺术家既可以非常方便地对三维模型表面顶点进行大规模修改，也可以对其进行细致入微的逐点雕琢，用以生成具有震撼效果的数字艺术作品。

三维模型可以通过两种方式呈现出来。第一种方式是通过模仿光学相机的工作方式，将三维数据在二维平面上进行投影成像，该方法被称为"渲染"。第二种方式是通过增量式三维打印将三维模型转化为真实物体。

"渲染"是一种将三维模型通过算法呈现为二维图像的过程。通常一个三维场景数据中，包含多种数据信息，如三维模型数据、材质数据、纹理数据、虚拟相机数据、虚拟光照数据等。在渲染的过程中，这些数据会被渲染工具进行解析，并最终转化为二维图像。由于渲染是一项计算量非常大且计算方式相似的过程，因此随着计算机硬件技术的发展，一种专门用来处理渲染的硬件——图形处理加速器应运而生。它通过并行化渲染流程（将相同的计算过程同时进行），成功获得了渲染加速的效果。

在渲染领域中，真实感渲染是一个最关键且最复杂的分支。它的目的是通过求解真实世界中的光能量的分布，来呈现出与人眼所见的真实世界相一致的画面。由于这一求解过程非常复杂，在学术领域也派生出了多种求解方法，如辐射度照明、光线跟踪照明等，但这些方法依然无法有效解决渲染过程中的计算效率问题。时至今日，即使是世界上最快的单芯片计算单元，也无法提供既准确又快速的计算。很多研究者和工程实践者也在计算的准确性与计算的速度之间进行了平衡性探索，不断研究出各种加速解决方案，如屏幕空间光照遮挡计算、小范围的全局光照计算等，这些技术也被广泛应用于游戏、虚拟现实等对用户交互响应速度有严苛要求的领域中，而高精度计算则被应用于电影、电视等对画面精度有要求的领域。

在虚拟现实系统中，用户的核心体验需求是"视觉沉浸感"，因此计算机图形学作为解决"为虚拟现实提供高沉浸感的视觉图像"的方法，是虚拟现实系统中的核心技术之一。

计算机图形技术可在以下三个方面为虚拟现实系统提供解决方案：

其一，呈现真实感沉浸式画面，为用户提供数字化、高真实感的画面；

其二，呈现真实感物理仿真效果，为用户提供高真实感的物体运动效果；

其三，自然人机交互方式，为用户提供简单、便捷、舒适的人机交互体验。

但由于虚拟现实系统并不仅仅是"真实世界的视觉重建"，还有其他多方面的真实感重建，因此仅仅依靠计算机图形技术，是无法建设一个完整的虚拟现实世界的。

1.6.2 虚拟现实引擎与传统游戏引擎

游戏引擎是一个针对电子游戏开发设计的软件程序框架。开发者利用游戏引擎开发网页游戏、主机游戏等。游戏引擎是在一个核心框架下驱动的不同功能模块的集合。利用游戏引擎，游戏开发者可以有效降低游戏整体开发成本，提高开发效率，并将开发结果发布到多个不同的运行平台上。

通常情况下，游戏引擎不仅仅提供游戏开发的核心功能，还提供使用这些功能的可视化编辑工具，方便开发者开发游戏内容。这一切的目的只有一个——让游戏开发者好、快、省地开发出面向市场的游戏产品。

通常情况下，游戏引擎会被设计成一个核心、多个模块的形式，旨在提高游戏开发效率，保证自身性能的可伸缩性和可扩展性。核心部分往往只有基础功能和模块管理功能，具体的功能实现则被分配到不同模块中。这些模块包括数据资源管理模块、场景管理模块、渲染模块、声音模块、脚本模块、动画模块、人工智能模块、用户交互模块、网络模块等。在这些模块中，部分模块被设计成可被第三方中间模块替换的形式，如物理引擎模块。目前，市面上存在两款物理引擎，分别是隶属于英伟达的 PhysX 和已经被英特尔公司出售的 Havok。这两款物理引擎专门用来解决高速可交互式运行模式下的物体物理特性的模拟问题。任何游戏引擎都可以通过接口的方式调用它们的功能，用来加速游戏中的物理表现或提升游戏效果。

通常，一些游戏引擎仅仅只提供实时 3D 渲染功能（这里面涉及大量计算机图形学的专业知识，而不仅仅是计算机基础知识），实现游戏的其他逻辑功能，往往需要游戏开发者自行开发或融入其他游戏中间件，所以这类引擎也被称为"图像引擎"或"3D 引擎"。随着游戏场景的扩大，当下的游戏引擎也开始引入"场景管理"模块，用来高效地管理游戏中的三维数据，且具备对场景画面渲染呈现进行辅助加速的功能。因此，用户可以看到越来越多的游戏采用了"开放式""巨大式"的游戏场景设计。

由于虚拟现实系统并不是一个单行业应用，因此目前市面上已有的虚拟现实引擎产品，均是针对某一个特定行业的专业软件，如建筑室内外设计、工业产品设计、军事仿真等。这些软件大多使用复杂，价格昂贵，功能针对性极强，其生产的内容也大多是针对某一行业产业链中的特定环节。因此，大众很难感受到这些工具的存在。虚拟现实引擎在计算机专业领域中的认知度，也比游戏引擎低很多。

第 2 章 虚拟现实的关键技术

虚拟现实设备可以为用户提供一个完全虚拟却十分逼真的情境，如果再配合动作传感器，就能够从视觉、听觉和触觉上为用户营造一个可以完全沉浸的空间，让用户的大脑感觉自己就处在这样的世界里。虚拟现实技术体系包括建模、呈现、感知、交互、应用开发等方面。其中，建模技术是对环境对象和内容的机器语言抽象，包括几何建模、地形建模、物理建模、行为建模等；呈现技术是对用户的视觉、听觉、嗅觉、触觉等感官的表现，包括三维显示（视差、光场、全息）三维音效、图像渲染、增强现实技术无缝融合等；感知技术是对环境和自身数据的采集和获取，包括眼部、头部和肢体的动作捕捉、位置定位等；交互技术是用户与虚拟环境中对象的互操作，包括触觉力反馈、语音识别、体感交互技术等。本章主要对虚拟现实的三维环境建模技术、立体显示技术、三维虚拟声音技术、人机自然交互技术等加以详述。

2.1 三维环境建模技术

三维环境建模是虚拟现实系统建立的基础，其主要任务是建立输入输出设备到仿真场景的映射，即开发虚拟环境的对象数据库。三维环境建模包括几何建模、映射建模、物理建模、行为建模等。

2.1.1 几何建模

三种常见的基于几何（曲面）的图形表示方法是多边形、NURBS 和 CSG。多边形方法也许是最简单的，它可以用来表示另外两种方法所描述的形状，尽管会丢失一些信息。

表示一个场景的几何形状由对象的来源和渲染需要决定。在渲染方面，光栅化可以很好地处理多边形，而光线跟踪可以很容易地处理简单的造型和图形块（当需要维护对整个场景的访问时，这样可以减轻一些内存消耗问题）。在数据源方面，许多建模包提供了设计造型的接口，可以用简单几何图形组合为光滑的曲面。

多边形是由一系列线段定义的平面形状。任意数量的线段都可以用来勾勒多边形的轮廓，尽管为了提高效率，它们通常被分成三边形状（三角形）或四边形状（四边形）。许多用于加速多边形渲染的算法已经集成到硬件几何引擎中，因此硬件图形渲染系统几乎完全使用多边形方法。

NURBS 是参数化定义的形状，可以用于描述曲面物体，如汽车。CSG

对象是通过对基本的三维体素（如球体、圆柱体、立方体、平行六面体等）进行布尔加减法创建的。例如，一个桌子可以通过添加 5 个平行六面体来创建，4 个作为桌腿，1 个作为桌面。桌子的设计可以通过用平行六面体减去一个圆环而变得更美观。再如，一个高尔夫球上有数百个凹槽，可以很容易地用 CSG 来完成，但可能需要数百万个三角形才能看起来比较逼真。

2.1.2 映射建模

纹理映射是一种从点到点改变表面属性的方法，以给出表面细节的外观，而不是实际出现在表面的几何形状。光线从凹凸不平的表面反射的方向在视觉上揭示了表面的纹理，或者表面的凹凸不平。通过改变光线从表面反射的方式，可以使表面看起来凹凸不平。凹凸贴图实际上映射了一组用来影响光线如何从表面反射的数值，所以用表面和光线之间的角度来确定反射颜色的渲染技术将导致表面看起来"凹凸不平"。

一个单一的多边形看起来可能包含许多详细的特征，如有着粗糙纹理的砖墙。因为根据定义，一个多边形是平的，这个粗糙的外观当然是假的，表面实际上是不变的，是通过轮廓、阴影和立体视觉显露出来的。对于大多数情况，这是可以接受的，特别是对于较小的或不那么重要的对象。一个更高级的形式的表面扰动映射实际上是调整表面法线的方向。当一个对象的多边形数量减少时，通常会生成这些贴图，表面细节是很重要的。

纹理可以映射到由许多单独多边形组成的复合形状，每个多边形都是整体纹理的一部分。例如，树干可以被建模为一个由几个平面多边形组成的基本圆柱体，但是在它周围包裹类似树皮的纹理，会使它看起来更真实，现代可编程图形处理器的纹理可以是任何东西，可以是一维、二维或三维的。它们可以由任何物理性质、非物理性质，甚至是想象性质形成。现代着色器可以自由使用任何数据，并以任何方式改变渲染。在动态过程中，可以使用诸如压力、张力或静电势等物理量来影响多边形在每个像素处的形状和颜色。双向反射分布函数可以用来建模各向异性表面的外观。本质上，纹理映射是一个巨大的查找表，索引沿着一个多边形的表面变化。因此，除了可以使用纹理映射来添加人造细节，还可以使用纹理映射来向多边形添加科学表示。

有专门的纹理贴图技术可用来克服光照计算所带来的开销，同时隐藏纸板切割外观。这些技巧包括烘焙光照、旋转纹理（公告板）、多视角纹理、立体纹理和动画纹理，后三种方法都基于使用多个位图，这些位图随观看者的方向、位置和时间的变化而变化。

2.1.2.1 烘焙光照

烘焙光照是一种使用纹理映射以最小的计算成本（至少在运行时成本）丰富场景的技术。事实上，在运行时计算和预先生成图像纹理（烘焙）的时间之间是需要权衡的。与多边形渲染相比，虚拟世界中的光照计算需要巨大的成本。对于每个渲染的多边形，场景中的所有灯光都必须被考虑进去，以获得所有像素的最终颜色。因此，大多数交互式（甚至是非交互式）的图形渲染都努力减少场景中的灯光数量，或者至少减少影响场景中可移动物体的灯光数量。

基于图像的渲染是使用图像来改进场景渲染时间和复杂度的总称。IBR的主要特点是使用捕获的或之前渲染的图像，通过避免或减少渲染场景的几何复杂度来减少渲染图像的时间。符合观察参数的图像材料越多，需要的几何表示就越少。因此，拥有一个场景的许多图像，从多个有利位置和在多个光照条件下，减少了所需的几何渲染工作。IBR 需要大量的前期努力来捕捉和存储世界。另一种 IBR 技术是利用之前渲染的场景图像并在每个像素上使用深度值，基于新的观察参数对之前的图像进行校准，使用标准的几何渲染来填充所有空白。

多通道渲染利用纹理贴图内存，通过添加计算阴影、镜面反射、产生镜头效果、执行反锯齿、创建艺术渲染（如卡通或铅笔草图），以及其他功能来提高渲染质量。例如，阴影计算是从光照的角度渲染场景，将渲染结果保存到纹理内存中，然后在摄像机的渲染通道上，使用阴影纹理使光源不可见的区域变暗。或者，渲染通道可用于以高于显示器的分辨率进行渲染，然后在最终的相机渲染时将其处理为反锯齿视图。同样，初始的摄像机渲染可以根据镜头效果进行扭曲或者执行，即区域定向渲染。

2.1.2.2 旋转纹理（公告板）

公告板是一种对对称对象有用的技术。从远处观察复杂的物体，如树，当用部分透明的纹理贴图渲染成一个平面多边形时看起来非常真实（用树的裁剪照片进行贴图）。然而，当观察者接近这样的树时，可以明显发现这棵树是放置在 3D 世界中的 2D 对象。减少此类对象的平面性的一个简单技巧是旋转平坦的多边形，使其始终面向观众，这种技术被称为公告板技术。

旋转的公告板使物体看起来是对称的（也就是说，从各个方向看都一样）。这种技术的局限性包括：要求物体存在（接近）对称的轴，并且观众只能注视与该对称轴正交的物体。

2.1.2.3 多视角纹理

旋转技术可以扩展到多视角纹理。当从不同角度观看时，不仅多边形旋转到面向观众，而且映射到多边形上的图像的选择也发生了变化。使用多视角纹理映射是渲染物理对象的理想方法，这些对象具有一些难以用实时渲染技术生成的特征。

2.1.2.4 立体纹理

立体纹理对近距离观察物体是很有用的，因为这些物体太过精细以至于无法完全渲染成无数的单独多边形。在立体视觉显示中，立体视觉通常会告诉用户一个法线的、单位图纹理的多边形是一个平面，而不管多边形的详细外观如何。立体图像有一个最佳的观看位置，使图像看起来最好，立体纹理也是如此。因此，当用户只能从靠近最佳点的位置看到纹理时，或者当此技术可以与旋转纹理技术结合，从而可以根据视图的方向选择不同的立体纹理时，使用立体纹理的效果最好。

2.1.2.5 动画纹理

动画纹理贴图适用于快速变化的对象。像火或瀑布这样的自然事物，当它们看起来是流动的时候，会显得更真实。

2.1.3 物理建模

物理建模是虚拟现实系统中比较高层次的建模，它需要物理学与计算机图形学相配合。物理建模是对三维对象的物理特性，包括重量、惯性、表面硬度、柔软度、变形模式等特征进行建模。这些特征与几何建模及行为规则结合起来，形成更真实的虚拟物理模型。物理建模的主要工作包括碰撞检测、受力计算、力平滑、力映射、触觉纹理等。

体素渲染，基于粒子和点的渲染是典型的物理建模方法。体素渲染非常适合渲染半透明的物体，并且经常被用作数据集的可视化工具，通过将材质的三维体素映射为密度和颜色值，使得观察者能够识别不透明材料内部图案的形状和颜色。体素渲染通常使用光线追踪（或光线投射）技术完成。光线追踪和光线投射技术的原理是用相机视图定义光线，光线的行为符合与光和光学有关的物理定律。具体地说，在光线追踪中，考虑到模拟材料的模拟性质，光线在经过已定义的虚拟物体表面反射和折射时发生改变。

基于粒子和点的渲染常用于渲染视觉场景中复杂的流。顾名思义，随着时间的推移，许多小粒子被渲染，产生的视觉特征揭示了一个更大现象的过程。燃烧过程，如火焰、爆炸和烟雾非常适合粒子渲染技术，液体和气体流动也是如此。

类似于粒子渲染的是点云渲染。点云渲染与粒子渲染具有共同特征，因为它们都是单个数据点的集合，通过这些数据点的巨大数量的聚集来揭示其结构。两者之间的主要区别是点云在本质上趋向于静态，但也包含了大量的要渲染的点。点云通常是由激光雷达扫描仪生成的，一个激光雷达扫描可以产生数十亿个点。当一起观看这些点时，一个场景可以呈现出照片一样的效果。

2.1.4 行为建模

在大规模虚拟现实系统中,用户不可能与虚拟现实环境中的所有对象进行交互,存在大量不依赖用户交互动作的对象,如运动的虚拟人群、动物等。这些虚拟对象在一定程度上与用户的动作无关,具有一定的智能。行为建模就是对三维对象创建物理属性和动作反应能力,即赋予被建模对象一定的行为能力和智能,并让其服从一定的客观规律。例如,在创建一个虚拟人物后,该人物不仅应该具有人的外观特征,还要能够感知周围环境,具备人的情绪、行为和动作能力。该虚拟人物具有在虚拟环境中行走、奔跑等行为能力,其行为特征应受该虚拟环境物理规则的限制。

2.2 立体显示技术

2.2.1 沉浸显示基本原理

沉浸显示的基本原理是:通过结合图形计算、光学和传感显示技术,模拟人眼观察现实世界时的效果,使得人们在观察由计算机生成的虚拟世界时,能产生身临其境的沉浸感。沉浸显示技术主要是通过模拟人眼的立体视差、运动视差、视野范围来提供基本的视觉沉浸感,此外还可进一步通过模拟人眼聚焦等方法来增强视觉沉浸效果。

2.2.1.1 立体视差

立体视差是人眼实现三维立体视觉感知的重要因素。人眼在观察现实世界时，现实世界的光线在景物间产生反射、折射等现象，最终形成的光线投射到眼底视网膜上成像，视神经将信号传输到大脑皮层的视觉处理区域，从而获得对景物的视觉感知。由于人的左右眼位置不同，景物在左右眼的视网膜上所投射的像也会有所不同。例如，我们在眼前举起食指，先闭上左眼，用右眼观察，然后闭上右眼，用左眼观察，会发现食指和远处背景的相对位置明显不同，这就是双目立体视差。

沉浸显示技术利用计算机图形图像技术生成不同的画面，并利用立体显示技术分别在左右眼前同步展示，从而模拟人眼的立体视差效果，给人们带来立体深度的感觉。由于人眼距离屏幕很近，因此可通过直接给左右眼分屏来实现立体显示，通过左右眼的眼罩来保证左眼只看到左边屏幕画面，右眼只看到右边屏幕画面。

在立体投影显示系统中，由于人眼距离屏幕较远，双眼能同时看到同一投影屏幕区域，所以需要借助立体眼镜等设备来分离同一屏幕上的左右眼画面。立体眼镜按原理的不同可以分为被动式立体眼镜和主动式立体眼镜两种。

被动式立体眼镜不需要电池，与电影院的立体眼镜类似，一般利用偏振光原理：投影仪所投出的左右眼的画面通过不同的偏振片过滤，观众通过对应的偏振眼镜观看，保证左眼只看到左眼画面，右眼只看到右眼画面。被动式立体眼镜需要屏幕的支持，要有两个投影仪才能支持左右眼不同画面显示，但眼镜轻便，便于佩戴。

主动式立体眼镜需要电池供电，保持与投影仪画面同步，通过对左右眼的快门镜片的快速开合控制，切换双眼所能看到的内容，保证左眼只看到左眼画面，右眼只看到右眼画面。其优点是对投影屏幕没有极化要求，并且一个投影仪就可以支持左右眼画面显示。

2.2.1.2 运动视差

运动视差是人眼实现三维立体视觉感知的另一个重要因素。当人在现实场景中左右移动时，所看到的景物会随之发生变化。

2.2.1.3 视野范围

人眼视野范围也是获得沉浸感的一个重要因素。人在观察现实场景时，若头部固定、眼球静止不动，双眼立体视差的视野范围在水平方向上可达到120 度左右，在垂直方向上可达到 135 度左右。主流的头戴式显示器，目前可提供水平方向约 110 度的视野。当现实世界中人的头部做旋转运动时，可以实现 360 度视野观察。在沉浸显示中，可通过跟踪人的头部旋转方向，来实时更新对应的显示画面，模拟人眼所看的景物的变化。

2.2.1.4 延迟问题和实时计算

沉浸显示需要在低延迟下完成对每帧的计算，否则会导致模拟器晕眩症。目前虚拟现实技术显示设备一般要达到每秒 90 帧的显示速率，这就向实时计算提出了挑战。例如，对于虚拟现实技术和增强现实技术眼镜来说，它们并不能将左右眼看到的整个图形绘制两遍，因此应尽量复用其中与视觉无关的计算，如物理模拟和动画、阴影计算等。

对于虚拟现实技术和增强现实技术眼镜，由于光学器件的成像会带来桶形畸变和偏色等问题，因此根据左右眼的视点计算出图像画面之后，还需要畸变校正、色差调整等处理。考虑到实时要求，可将图像当作纹理映射到一个三角形网格上，通过对网格进行畸变处理，实现图像的实时处理。

2.2.1.5 人眼聚焦

传统沉浸显示系统一般只提供一个固定的聚焦平面。在现实世界中，人眼的焦距会根据远近来调节，同时双眼也会根据深度变化而聚焦，这两个过程原本是协调一致的，但固定焦距的沉浸显示会导致人眼无法完成远近的调节，从而造成视觉感知上的冲突，带来不适感，影响沉浸体验。使沉浸显示技术支持人眼焦距变化是一个挑战。

光场显示技术是解决这一问题的一项前沿技术。光场是一个四维函数 $L(u, v, s, t)$，描述了通过前后两个图像平面的光线所构成的场。通过光场的因数分解算法，对人眼变焦范围内所看到的实际光场信息进行分解计算，可以对前后两个图像平面上的像素值进行相应设置，来近似模拟人眼所看到的实际光场，从而支持人眼焦距的变化，这样可解决人眼变焦和立体视觉会聚之间的协调问题，使人得到更好的沉浸感。但目前的光场显示技术还受到显示器分辨率和实时计算量的限制。

2.2.2 视景生成

在虚拟现实系统中，视景生成包括基于计算机图形学和计算机视觉的两种方法。计算机图形学和计算机视觉可以理解为相同过程的两个方向。计算机图形学负责将抽象的语义信息转化成图像，计算机视觉则从图像中提取抽象的语义信息。同时，虚拟现实系统普遍使用图形加速技术提升图像生成和渲染的效率。

2.2.2.1 基于计算机图形学的视景生成

基于计算机图形学的虚拟现实视景生成主要包括三维环境开发和视景绘制。

三维环境开发的主要目标是利用计算机技术构建各种各样的基本模型，再将它们在相应的三维虚拟世界中重构，并根据系统需求保存部分物理属性，最终获得一个能够表现真实世界的虚拟现实系统。

视景绘制的主要步骤包括：将三维物体转换为二维视图—确定视图中所有可见面，根据隐藏面消除算法将用户视域之外或被其他物体遮挡的不可见面消去—根据光照模型计算可见面投射到用户眼中的光亮度大小和色彩，并将它转换成适合显示设备的颜色值，从而确定投影视图上每一像素的颜色，生成最终图像。其中涉及的关键技术包括消隐技术、细节层次技术、纹理映射技术、景深模拟技术、光照模型技术等。

2.2.2.2 基于计算机视觉的视景生成

基于计算机视觉的视景生成的核心是基于图像的绘制技术，该技术近年来发展得非常迅速，已被广泛应用于实景地图导航、虚拟参观等虚拟现实漫游系统。基于图像的绘制技术可分成无几何信息的绘制和基于部分几何信息的绘制两类。

无几何信息的绘制基于全光函数，场景内的所有光线构成一个全光函数。基于此，基于图像的绘制技术可以归结为以离散的样本图重构连续的全光函数的过程，即采样、重建和重采样的过程。

基于部分几何信息的绘制同时采用几何图像作为基本元素绘制画面的

技术。根据一定的标准，动态地将部分场景简化为映射到简单几何体上的纹理图像，若简化引起的误差小于给定阈值，就直接利用纹理图像取代原场景几何绘制画面。这种绘制技术可以在一定误差条件下，以较小的代价来快速生成场景画面，同时仍保持正确的前后排序，所生成的图形质量很高。

具体的绘制过程主要包括原始图像采集、图像处理和图像合成。原始图像采集是指通过相机获得虚拟现实环境的原始真实素材，图像处理是指通过算法对原始图像进行建模和视图变换，图像合成是指将多幅图像拼接为一个场景。

2.2.2.3 图形加速

对虚拟现实技术的应用而言，所需处理的场景复杂度越高，每秒钟所需处理的多边形数量越多，因此图形加速技术显得尤为重要。

目前包括虚拟现实系统在内的计算机及智能终端均通过图形加速卡实现硬件图形加速，减轻中央处理器（Central Processing Unit，CPU）的处理负荷，提升图形加速的性能。

图形加速卡又称显卡，一般由具备独立图形处理能力的处理器和相应软件构成，专门为图形图像显示而进行优化。图形加速卡能够快速地进行图形计算，大大提升了消隐、纹理映射和光照模型等图形绘制的效率。

图形加速卡具备常用图形图像和视频格式的展示和渲染能力，如照片渲染、视频流解压等，能大大减轻中央处理器的运算负担。有了图形加速卡，中央处理器就可以从图形处理的任务中解放出来，去执行其他的系统任务，大大提高虚拟现实系统的整体性能。

2.2.3 立体显示

由于立体视觉以视差为基础，因此立体显示的基础就是要以人工方式重现视差。简单地说，就是想办法让左右眼分别看到不同的影像，以此模拟出立体视觉。

立体视觉的显示技术主要分为裸眼立体成像和基于眼镜的立体成像两类，在目前的虚拟现实系统中，主要通过眼镜获得立体视觉的显示效果。基于眼镜的立体成像包括主动式和被动式两类，上文已做介绍，在此不再赘述。

2.2.3.1 色差式立体成像技术

色差式立体成像技术又被称为分色立体成像技术，是将两个从不同视角拍摄的影像分别以两种不同的颜色印制在同一幅画面中。用肉眼观看会呈现模糊的重影图像，只有通过对应颜色的立体眼镜才可以看到立体效果，也就是对色彩进行红色和蓝色的过滤，红色的影像通过红色镜片，蓝色通过蓝色镜片，两只眼睛看到的不同影像在大脑中重叠，呈现出 3D 效果。

2.2.3.2 偏振光立体成像技术

偏振光立体成像技术主要包括拍摄、放映、观看三个环节，采用左右两个相机进行拍摄，形成两组影像。在放映时将左边镜头的影像经过一个横偏振片过滤，得到横偏振光，右边镜头的影像经过一个纵偏振片过滤，得到纵偏振光，将略有差别的两幅图像重叠在银幕上。在观看环节，立体眼镜的左眼和右眼分别装上横偏振片和纵偏振片，横偏振光只能通过横偏振片，纵偏振光只能通过纵偏振片。这样就保证了左边相机拍摄到的东西只能进入左眼，右边相机拍摄到的东西只能进入右眼，获得立体成像。

2.2.3.3 主动快门式立体成像技术

主动快门式立体成像技术又称时分式立体成像技术，该技术通过对左右镜片分别进行开关控制，让左右眼分别看到各自的画面。例如，在放映左画面时，左眼镜打开右眼镜关闭，观众左眼看到左画面，右眼什么都看不到（眼镜片处于黑屏状态）。为保证显示效果，该技术要求画面刷新率较高（至少要达到 120 赫兹，左眼和右眼各 60 赫兹）。观众的两只眼睛看到快速切换的不同画面，并且在大脑中产生错觉，便观看到立体影像。

2.2.3.4 左右分屏立体成像技术

左右分屏立体成像技术运作的原理比较简单，该技术需要为左右眼形成两路独立的画面，然后在眼镜中为左右眼分别配置的两组小型显示器来单独显示左右眼画面，以达到立体显示的效果。目前，该技术被广泛应用于虚拟现实头戴式显示器。

2.3 三维虚拟声音技术

2.3.1 三维虚拟声音的生成方法

声音是以波的形式通过空气（或其他媒介）传播的。声波的频率（声波在单位时间内出现的周期数）决定了声音的音调是高还是低，声波的振幅是声音的另一个重要特征，它决定了声音的响度。渲染声音首先要创建波形，波形可以存储在字节缓冲区中，然后传输一个数字信号到模拟转换器，在模拟转换器中转换的信号将呈现给听众。基本波形可以经过滤波和叠加产生一个整体波形。

2.3.1.1 声音生成

在理想情况下，虚拟环境的声音将会通过模拟世界的计算自动产生，作为虚拟世界的物理属性，可以包括当物体相互作用时空气（和其他材料）产生的振动。当然，虽然已经取得了很大的进展，但即使是再高端的虚拟现实或设备，处理能力仍然不足以执行所有需要完全物理模拟的任务。

（1）采样

产生声源的一种常见方法是播放录制的物理世界声音样本。录音是通过一个转换器将麦克风的输出从模拟值转换为数字值，并在固定的时间测量电压。采样率和用于编码电压的数字比特数是对声音样本分辨率的度量。电压测量的频率范围从 8 000 赫兹（电话质量音频）到 96 000 赫兹（高质音频）。CD 音质为 44 100 赫兹。每次测量可用的比特数决定了记录信号的动态范围。这个范围通常为 8～48 位。标准立体声 CD 每个通道使用 16 位，产生的数字流由计算机处理，可以存储、编辑或在任何需要的时候作为声音播放。这个过程称为采样，数字的收集称为波形采样和采样阵列。

采样技术类似于使用数字化照片来创建纹理贴图（可视位图）。当需要真实的听觉表示时，它就能派上用场。添加"纹理"增强了听觉环境，但设计师必须注意避免明显的重复声音，否则听者会感到无聊或烦恼，因为听者可以很容易地感知到声音重复（就像视觉纹理图所引起的模式重复一样）。

为避免产生此种情况，可以对多个数字化的声音样本进行修改和组合，以创建更丰富、重复性更少的环境，还可以与其他算法生成的声音相结合。

虽然为虚拟世界中的特定事件录制少量的声音可能是合理的，但试图记录所有可能的事件，特别是微妙的交互差异，是耗时的；而且当它涉及捕捉没有物理存在的物体的声音质量时，是不可能录到声音的。

录制声音样本时要考虑的另一个问题是录音包括录制声音样本的空间元素。因此，除非录音是在一个消声室里录制的，消声室的设计可以消除房间里所有的环境声音和响应，否则录音中至少还有空间元素。包含这些元素的声音（任何自然或人为添加到声音中的响应）被称为"湿声"，没有任何改动的原始环境中录制的声音被认为是"干声"。

（2）合成

合成声音是通过运行程序算法，或由虚拟现实系统中的其他组件计算波形所产生的声音。这种技术为体验开发人员提供了极大的灵活性，因为可以创建任何声音，但可能需要一个重要的计算机引擎或专门的合成器来实时渲染高度复杂的声音样本。

合成丰富、现实、宽频（即相对纯粹的正弦波音调）的声音是复杂的。声音合成的方法可以分为三个子类：频谱合成、物理模型合成和抽象合成。

①频谱合成

频谱合成的方法包括观察声波的频谱（组成声音的每个成分的频率和数量），然后重新创造频谱来模仿原始的声音。人们在现实世界中听到的大多数声音都是宽频的，也就是说它们覆盖了各种各样的频率，因此要实时创建这些声音的整个频谱通常是不可行的。然而，音乐的声音只使用频率的一小部分，因此，许多基于频谱的合成方法可以产生具有音乐品质的声音。频谱合成声音的方法包括正弦波频率调制（根据一种正弦波调制到另一种频率）和叠加合成（将不同频率的正弦波叠加，产生复合声音）。

②物理模型合成

物理模型合成是通过基于产生声音的物体的物理特性来生成声音的。例如，长笛的物理声音模型依赖于计算当空气流经特定尺寸的管道时发生的振动。也就是说，底层的物理现象（空气流动、振动等）被建模，这些计算的结果被直接用于创建相应的真实世界的声音。

有了物理模型，声音就能显得更加真实，与环境融为一体。建模可以是连续的，就像长笛中的空气流一样，也可以是离散的事件，如乒乓球拍撞击一个球。给定管子的参数和通过它的气流，就可以模拟一个真实的笛声；给定球拍和球的物理参数（如硬度接触力、接触位置），就能听到一场真实的乒乓球比赛。

如果目标是在体验中增加真实的汽车引擎的声音，那么可能要建模发动机的形状和排气系统，并确定气缸内部快速爆炸时产生的空气压力波，以及其他明显影响所产生声音的因素。当然，在计算成本和渲染效果之间存在一个权衡。如果想要合成的声音更逼真，发动机输入参数也要折中，如油门和负载。

③抽象合成

声音的抽象合成即从一些系统产生的数字流中产生声音，并通过给定的函数将数值映射到声音波形中。这种技术不是用来重建声音的，而是用来创建没有自然模拟的声音。

无论是通过频谱合成、物理模型合成还是抽象合成的声音，都可以通过组合或过滤来产生更有趣的效果。声音组合可以通过脚本或者算法来实现。

2.3.1.2 声音滤波

滤波器被广泛应用于音频处理中。一般来说,滤波器是一种降低(或增加)声音中某些频率的振幅的装置或算法。一些比较常见的滤波器类型包括低通滤波器(让低频通过而抑制高频振幅)、高通滤波器(让高频通过而抑制低频)、带通滤波器(允许一定范围的频率通过,同时抑制该频带以上和以下的频率)和梳状滤波器(抑制特定的频率)。各种各样的参数可以描述这些滤波器类型的特征。

滤波器的一些常见应用包括在声波深度线索中使用低通滤波器。例如,为了模拟声音越远,高频越会衰减的效果。声音的这种特性就是为什么当行进的乐队远离时,你会听到低沉的鼓声,而当乐队靠近时,你只会听到较高的频率。因此,对于一个合适的声音深度线索,低通滤波器的阈值随着到声源距离的减小而增大。

在虚拟现实系统中,使用高通滤波器可能是为了消除地板上脚步的低频隆隆声,因为它可能干扰对系统的语音指令。

这些滤波器可以用来影响声音的特性。例如,滤波器可以用来改变声音的特征,使它听起来更像是通过电话或扩音器发出的声音。很多滤波器都可以用卷积来实现,事实上,卷积已经成为处理声音的一种非常重要的技术。

卷积是一种数学运算,可以应用于波形,以有趣的方式对其进行滤波,如添加混响或使声音听起来来自特定位置。添加混响是卷积在声音处理中的常见应用。虽然从数学的角度看,简单地添加一个延迟的声音副本到它自身上就可以完成一个混响的效果,使用脉冲响应可以很容易捕获在一个特定的空间(混响、扩散、散射、吸收)的本质。因此,这些滤波器使声音听起来好像是在一个有不同声学特性的房间里,如音乐厅或教堂。这些脉冲响应是通过在声音发出的地方（如教堂唱诗班的阁楼或管弦乐队的演奏池）播放脉冲声（如枪声或节拍声）并从听众可能在的不同地方记录下来而产生的。另外，也可以使用更复杂的方法，比如扫过一系列的纯音调，通过数学分析产生具有更高信噪比的脉冲响应。无论在哪种情况下，脉冲响应在本质上都是一种数学描述，可以用来改变任何声音图像，仿佛它是在那个空间被听到的。这种技术可用于电影和录音的特效。

脉冲响应还可以用来模拟各种物体甚至音频硬件来改变声音。例如，为了模拟声音沿着一条线从一个罐子传到另一个罐子，可以通过在一个罐子中产生宽频噪声并在另一个罐子中记录下来，然后与这个声音做卷积，产生声音传输的相同效果。

同样的概念也可以用来再现声音的接收是如何被听者的头部和身体改变的。为了使声音看起来来自相对于头部的一个特定位置，脉冲在声源位置产生，然后通过放置在目标用户耳道内的麦克风记录响应。为了处理来自任意方向的声音，从一个采样的极坐标网格中测量一组脉冲响应。任意一个方向的响应可以通过插值获得。给定头部的响应集合称为头相关传递函数。HRTF 的脉冲响应最好在消声室中收集，只记录头部和耳朵的影响。

2.3.1.3 声音传播算法

声音一旦产生，振动就会在整个环境中扩散。其中一条路径会将振动直接传到听者的耳朵里（虽然可能只直接传到一个耳朵里，而不是两个耳朵里），其他的路径则会在墙壁和家具上反弹，还有的穿过墙壁，绕过角落。所有这些路径都是一个特定空间如何响应声音的一部分。

对于人类听众来说，声音的折射、扩散和干涉是创造真实声音的重要因素。事实上，声音是如何在听者的身体周围（耳郭、头、肩）传播的，对人们定位声音的来源起着重要的作用。

由室内效应和空间化效应产生的声音传播可以通过对"干声"与相应的脉冲响应进行卷积来实现。这些脉冲响应可以在真实空间中或与真实的人一起测量，或者通过算法进行计算。

计算室内声学包括声波在世界中所经历的所有交互作用：表面上的反射（和扩散），遮挡和传播，角落里的衍射，以及距离上的衰减。声音传播的计算可以从数值上或几何上进行。

数值计算方法通常将声音视为一种波，对于波长更接近一个房间或大厅大小的低频声音更实用。然而，数值计算还不够快，还不能达到实时渲染，因此通常用于预先计算一个静态空间的室内声学。数值计算方法通过在数学上求解波动方程来实现，适用于所谓声音的后期反射阶段。

2.3.2 渲染复合声音

有许多有用的听觉渲染技术可以增强声音环境。下面将对频率调制、加/减算法技术、粒子合成、合唱、模态分析等技术进行介绍。此外，使用各种过滤技术可以使声音变得更加复杂。在虚拟现实系统中，滤波器经常用于空间化声音，并提供一个房间的声音氛围。总之，一个复合声音环境是由周围声音、界面声音、音响、空间声音等各种元素组合而成的连贯的表示形式。

声音的复合方法是动态的，因此很难开发有效的方法渲染真实的声音，这不仅仅是重新建立一个简单的波动方程的问题。正弦波是频谱声音合成的基本结构，它们是计算机生成声音图像的基本构件，就像视觉领域中观察一个单一的多边形会很无聊一样，单个正弦波会产生一种让听者感到厌烦的声音。声音是瞬时的，所以声音的方程必须随时间而改变。由于耳朵和大脑能够分辨出声音波形的细微变化，所以渲染过程必须以非常快的速度进行。

2.3.2.1 频率调制

频率调制（frequency modulation，FM）是一种较为常用的频谱声音合成方法。像正弦波一样，FM 声音也很容易计算。然而，除了正弦波的频率和振幅这两个参数，FM 声音还有其他参数，如载频（主声的频率）、载频/调制器的频率比（或调制频率与载频的差异）和调制指数（频率偏差与调制频率的比率）等。由此产生的声音比简单的正弦波更复杂，在某种程度上更令人满意，但也会在一段时间后由于听者的疲劳而引起听者的痛苦。许多声音都有钟声一样的品质和高频成分，会让听众感到厌烦。

2.3.2.2 加/减算法技术

加/减算法技术是频谱声音创造方法，允许通过组合或减去不同频率的信号来创造声音。由此产生的声音包含了所选频率的丰富组合。加法合成本质上是不同频率和相位偏移（信号位置与时间的差异）的许多正弦波的总和；减法合成是从已经很复杂的声音（如"白噪声"）中过滤出频率。

傅立叶分析是一种数学技术，用来识别组成复杂波形的正弦波分量。这种技术可以分析一个真实的声音，并确定正弦波的频率、振幅和相位。然后，这些正弦波可以被重新合成或重建以模拟原始波形。在重建期间，程序员可以控制这些波如何组合，从而可以在虚拟现实程序中灵活地改变声音。

2.3.2.3 粒子合成

粒子合成是从声音贴图片段（FM 声音、正弦波和其他声源）中合成复杂的声音，以创建更丰富、更动态的声音。当组合的片段在相位或时间上发生偏移时，原始片段就不一定还能被识别。例如，如果有一段一滴水落在岩石上的声音，那么把这个声音多次结合就会产生瀑布声或流水声。

2.3.2.4 合唱

合唱是一种处理现有信号的算法，它可以产生一种音效，提供虚拟世界的听觉线索。合唱将这种声音与在频率和相位上发生变化的声音副本混合在一起，创造出一种音效。

2.3.2.5 模态分析

模态分析就是计算物体的变形模态。从刚体模拟可以看出，从分析得到的值可以作为实时声音模拟的参数。

2.3.2.6 传播与环境效应

从一个声音事件感知的声音有三个不同的组成部分，对应三个渲染阶段：直接从声源到达耳朵（干声）、早期反射、后期反射。

直接路径的实时计算很简单，后期反射的脉冲响应（又名后期混响脉冲响应）可以包装成一个不变的房间脉冲响应（只需要一个卷积滤波器），这样就只有早期反射脉冲响应需要计算。早期脉冲响应会随着空间内声源和侦听器位置的移动而变化。因此，目前对声波渲染的研究主要集中在对早期反射信号的有效实时渲染上。

早期反射的影响，基于声源和听者可能变化的位置，预先计算"源—听者"的脉冲响应，通过插值应用于一个声音。通常，脉冲响应网格会在空间中分布，以覆盖可能的"源—听者"位置。为了避免大量的数据，网格可能被限制在发出和听到声音的区域。

2.3.2.7 自适应矩形分解

数值波动方程提供了声音传播的最精确结果，它是一种特别好的计算早期反射脉冲响应的方法，可以用来计算在一个位置发出的"干声"在另一个给定位置的收听者如何听到。

当然，计算任意形状的波动方程并非易事。然而，计算一个矩形空间（实际上是平行六面体）的波动方程是容易的。

2.3.2.8 定位和空间化

用来帮助感知声音发出的方向和距离的基本效果是：

（1）声音的衰减听起来有多大声与它实际有多大声。

（2）双耳声级差——哪只耳朵听到的声音更大。

（3）双耳时差——哪只耳朵先听到声音。

双耳声级差和双耳时差都能提供声音来自哪个方向（仅限于头部的侧面）的线索，哪个优先取决于声音的波长：波长小于头部，则双耳时差优先；波长大于头部，则双耳声级差优先；当波长约为头部大小时，两者都起作用。

因此，提供空间化声音线索的一个简单方法是根据物体相对于头部的左右位置调整音量，然后根据距离声源较远的耳朵对声音添加一个小的延迟，将它与基于距离的衰减因子结合，就得到了一个简单的空间化方案。

听者的身体是任何传入声音的滤波器，根据声音如何受到耳郭、头和肩膀的影响，听者甚至可以辨别声音发出的高度。为了产生这种类型的空间化，通常的做法是使用一般的头形和耳形来进行录音，但是测量的形状与实际听者的形状越不相似，这一方法的效率就越低。现在有一些数据库，可用于使听者与数据库中的 HRTF 进行最佳匹配。随着声音计算和物体形状捕获技术的进步，对听者进行扫描并使用波动方程计算其HRTF 的研究正在进行中。

HRTF 由许多独立的脉冲响应组成，每一个脉冲响应都是通过在耳道中放置麦克风来测量进入左右耳的声音的，宽频声音（如枪声）在头部周围的方向上偏移（包括不同的高度）。然后，HRTF 通过为每只耳朵选择合适方向的脉冲响应（或者由几个近似方向脉冲响应插值）来对声音进行空间化，然后根据该响应对声波波形进行卷积。

空间化的另一个重要因素是声场。如果听者转动头部，声音就会跟着移动，而不是固定在虚拟世界里，那么错觉就被打破了。声场需要与虚拟世界保持一致。对于简单的空间化方法（平移和衰减），可以使用扬声器近似呈现。为了得到最好的结果，声音需要计算，因为它们应该被每只耳朵直接听到，而不应该出现串音，因此需要耳机以及头部位置跟踪来进行适当的计算。

2.3.2.9 混合效果

在虚拟现实系统中，许多声源被渲染成一个干的、单声道的声音图像。然后使用卷积和混响等渲染技术从这些来源创建立体声图像。环境声有时是一个例外，开始就以立体声呈现给听者的双耳。在现实世界中，声音是在空气中自然混合的。然而，迪士尼的虚拟现实体验开发者发现，不同形式的电子声音图像（单声、固定声场空间化的立体声、基于头部的移动声场空间化的立体声、非空间化立体声）可以直接混合，为参与者创造真实、引人入胜的声音体验。

2.4 人机自然交互技术

2.4.1 手势识别

　　数据手套是一种交互式设备，类似于平时戴在手上的手套，它便于虚拟现实中的精细运动感知和触觉反馈。数据手套可以获得人体手部的运动轨迹，可作为虚拟现实中自然交互的手部输入信号。数据手套支持用户与虚拟现实中物体的自然交互，例如，用户戴上数据手套后可以用自然手势抓取一个虚拟的瓶子，甚至可以感觉到手中有瓶子。

　　在精细运动感知中，传感器检测用户手和手指的运动，并将这些运动转换为虚拟手或机器人手可以使用的手部输入信号。不同的传感器技术会捕获手指弯曲的物理数据，如可利用磁性跟踪装置或惯性跟踪装置，以捕获数据手套的全局位置旋转数据，并通过计算机软件算法解析出手势输入。

　　高端的数据手套还带有触觉反馈能力，用于模拟人体触觉，从而使人感知到压力、线性力、扭矩等，甚至可以反馈温度和表面纹理信息，但目前实际使用的数据手套在触觉传感方面的效果还不是特别理想，通常只能模拟某个单一特征。

　　数据衣是穿在人身上的特殊的衣服，用于支持人体运动感知、触觉反馈和自然交互。数据衣在躯干和肢体等重要特征点嵌入标记点或者传感器，比如用于光学捕捉的反光材质球，或者用于惯性捕捉的惯性传感器，从而获得人体运动的输入信息。与数据手套类似，有的数据衣还可以给人体提供触觉反馈，一般是在衣服中嵌入微型马达或者其他触觉或力觉反馈器，通过计算机来控制所产生的触力觉，模拟作用在人身上的触觉或力觉信号。

2.4.2 动作捕捉

动作捕捉设备可以获得人体动作或者物体运动数据，并且将其作为自然交互的输入信号。常见的动作捕捉设备有两种，一种是光学动作捕捉设备，另一种是惯性动作捕捉设备。

光学动作捕捉设备采用多个光学摄像机作为传感器，通过三维计算机视觉技术，实时跟踪放置在衣服上的红外线反光材质球，来获得人体运动重要特征点的三维位置信息，重构人体运动；也可以将红外线反光材质球按照一定的形式组合放在物体上，通过实时跟踪这些球来获得物体的运动信息。

惯性动作捕捉设备采用多个惯性传感器，实时获得方向和加速度，通过算法估算出相对运动位置。这些惯性传感器可以嵌入衣服中或者与物体绑定，以获得人体运动重要关节点的三维方位信息和物体的运动信息。

光学动作捕捉设备的优点是精确度高，缺点是特征点容易被遮挡。惯性动作捕捉设备的优缺点与光学动作捕捉设备相反，其优点是没有遮挡问题，缺点是精确度不高。因此，可以通过融合光学和惯性动作捕捉技术来扬长避短，但其技术实现更复杂。

2.4.3 三维光感应

三维光感应技术一般通过三维结构光等获得三维场景的深度图，并通过软件算法实时解算出运动，可用于虚拟现实的自然交互输入。例如，微软公司的 Kinect 深度传感器可实时获得场景和人物的三维深度图像，并通过计算机视觉算法解析，支持全身三维运动捕捉和面部识别等功能。为了支持深度感知，一般采用红外线投影仪和红外线摄像机。红外线投影仪向被感知的场景投射出红外线结构光图案，该图案人眼不可见，但红外线摄像机会实时拍摄红外线投影仪在场景中投射的图案，通过检测这类图案的变化（如投射在近处物体上的图案比较密集，而投射在远处物体上的图案比较稀疏），来实时估算得到场景深度图像。在估算得到的深度图像的基础上，通过软件算法将人体骨架模板与深度图像进行实时匹配，从而实现三维实时人体运动跟踪，或通过软件算法将人脸模板与深度图像进行实时匹配，从而实现人脸跟踪。

2.4.4 眼动跟踪

眼动跟踪设备可通过测量眼球运动，感知个体在任何给定时间观看的位置，以及该个体的眼睛从一个位置移动到另一个位置的顺序。跟踪眼球的运动，可以进行基于视觉和显示信息的人机交互。在眼动跟踪交互系统中，眼动跟踪数据可以作为控制信号，无须鼠标或键盘就可以直接与界面交互，这对虚拟现实技术/增强现实技术系统非常有优势。通过眼动跟踪位置对虚拟现实技术/增强现实技术场景进行有针对性的渲染，可以节省大量的渲染资源，提升虚拟现实技术/增强现实技术画面的层次。因此，眼动跟踪技术在虚拟现实技术/增强现实技术领域中具有广阔的应用前景。

2.4.5 触觉/力觉交互技术

触觉感知包括皮肤和动觉（肌肉和关节）感知。皮肤刺激如温度、压力、滑动、电流、振动、表面纹理等都可以通过触觉显示设备显示。潜在的表面纹理也可以通过末端执行器（机械力）显示的小扰动来呈现。动觉使人们能够确定物体表面形状、表面刚性、表面弹性、物体重量、物体位置和物体移动性等特征。动觉感知信息可以使用带有末端执行器的机械手或机器人形显示器来呈现。

2.4.5.1 振动触觉（皮肤）

使用简单的不平衡电机（即振动马达）就可以很容易地产生振动。然而，对于更真实的振动，如感觉弓弦不断拉紧而上升的张力，或者雨滴落在手上，都需要某种更复杂的随着时间改变感知的方法。因此，渲染这些更复杂的感觉需要一个可以随时间变化的信号和显示。触控显示器是一种类似于扬声器驱动的电子装置，它可以接收时变信号，从而产生随波形变化的振动。事实上，提供给传感器的信号与声波信号具有相同的特性。为了渲染下雨的感觉，该系统会产生一种波形，模拟雨打到皮肤上或附近的感应器。

同样，对于弓弦的张力，当弓弦被拉动时，张力就建立起来，然后以振动的形式释放出来，这种振动有一种特殊的感觉，这种感觉可以被存储为一种波，并通过触觉传播。与视觉和声音信息一样，这些振动可以被捕捉到，或通过合成产生，或通过精确的物理模拟产生。与所有的触觉效应一样，一个单一的感知器只会向参与者的特定区域呈现信息。因此，如果感官分布更多，则需要多个感知器。已经尝试过的布局是把它们放在每只手的手背上，或沿着手臂放置，或放在后背，或放在椅子的座位上，甚至连在地板上。研究发现，如果信号的振幅从一个信号转移到另一个信号，探针可以感知到感知器之间的感觉。也可以使用力显示来渲染振动。这种技术包括在高频下短距离前后移动末端执行器。这样做的困难在于，在足够精确的运动距离下，电机驱动器可能不能以足够高的频率做出反应。在末端执行器上安装振动触觉调节器可能要容易得多。

2.4.5.2 皮肤压力（皮肤）

两种主要的渲染压力的方法是针阵列和充气囊袋。显然，在所有情况下，显示设备必须与皮肤接触。

（1）基于针阵列的压力渲染

触觉反馈针阵列将小的针以一种模式进出（朝向皮肤并从皮肤上收回），以模拟被抓或被触摸物体的一般表面形状。对于压力显示器，显示器和皮肤之间有一个稳定的关系。针阵列显示器的使用并不局限于指尖，例如可以在手掌上使用较大的针来提供抓握的感觉，或在背面使用较大的针来提供加速的感觉。

（2）基于囊袋的压力渲染

可以填充/抽空空气或液体的囊袋也可以用来引起皮肤的压力感觉。提高囊袋分辨率的技术还没有出现，所以囊袋更有可能用于渲染感知，如手是否握住或推一个对象（囊袋在手掌或手指）。

2.4.5.3 表面纹理（皮肤）

与皮肤压力渲染一样，表面纹理也可以使用不同的技术进行渲染。针阵列是一种可能的技术，另一种可能的技术是使用摩擦可控的材料，或者对用户持有的末端执行器进行阻尼控制。

（1）基于针阵列的纹理渲染

触觉反馈阵列显示器渲染触觉信息，通过手指在针阵列上移动来再现纹理感知。针的运动是根据手指的运动而变化的，以便给人一种摩擦表面的感觉去感知纹理。有一种渲染方法是使用放置在平面上的针阵列，随着手指在显示器上移动而上升和下降，另一种方法是将针阵列固定在圆筒上，针阵列随着圆筒的旋转而上升和下降。

（2）基于摩擦的纹理渲染

感知表面纹理的一个组成部分来自手指移动时所感受到的摩擦力。跟踪手指的运动来渲染表面纹理，然后在手指穿过表面时引起间歇性的摩擦。表面纹理可以一种类似于视觉"凹凸贴图"的方式存储，也许同样的贴图可以同时在视觉和皮肤上应用。

（3）基于运动阻尼的纹理渲染

与摩擦显示类似，渲染表面纹理还有一种方法是通过显示引起一种移动摩擦，这种显示可以停止用户的实际移动。在这种情况下，用户手持带有末端执行器的力反馈显示器（即操纵器），可以在虚拟表面上间歇性地"刹车"，从而为该表面的粗糙程度提供线索。在这种情况下，也可以传达物体的整体形状。

2.4.5.4 热渲染（皮肤）

渲染温度比较简单，如指尖 Peltier 传感器是一种用于提供虚拟物体冷热感觉的设备。当然，当指尖受热或极冷时，安全是一个问题。环境空气温度也可以通过激活热灯或其他温度控制装置来控制。

2.4.5.5 环境（4D）效应（皮肤）

许多环境效应以二元形式运作——刺激是否呈现出来了，一种特殊的气味是否被释放出来了，加热灯是否打开了。有一些方法可以减弱某些效应，如在灯泡上使用调光器。但不是所有的设备都能够通过计算机控制减弱，除了白炽灯光源，不能使用可变电压来减弱。通常情况下，为了实现不同级别的效果，需要使用多个"显示"。

在渲染系统中，模拟必须决定何时、多少以及哪些设备需要激活。例如，使用多个风扇，模拟确定风是从哪个方向吹来的，并激活相应的风扇。对于短期体验来说，模拟太阳可以很容易——相对于时间参考系它不会移动太多，而且如果用户不需要相对于现实世界进行旋转，那么只需要一个头顶上的热源。

因此，将激活信号集成到模拟中就相当于在虚拟世界中添加激活区，如此，当用户接近悬崖边缘时，风就会吹到悬崖表面，风扇"显示"就会被激活；当用户靠近壁炉的某个区域时，加热灯被激活并释放出烟味。稍微复杂一点的是，可以使用一个跟随用户的代理对象，查看该对象何时处于阴影中，何时不在阴影中，何时需要激活加热灯等。

2.4.5.6 力觉渲染（动觉）

形状通常使用动觉显示技术来渲染，如力显示。用户通过感知到无法穿透表面来"感觉"物体的存在，如通过相关的操纵器阻止用户握住的末端执行器朝特定方向移动。其他的特性，如物体的弹性和表面纹理，可以与表面一起渲染。

在虚拟现实体验中，力界面的主要形式是在与物体接触的单点上。力显示器提供对指尖或手持式笔尖的刺激，但不提供扭矩（旋转）信息。这种类型的显示通常由基本的末端执行器提供。

转矩的单点接触（6-DoF 输出）有时需要感受到扭矩和平动力。当扭矩渲染需要感受两个分子之间的所有力时，阻力设计是其中一种惯用手段。在单点上使用 3D 运动和 3D 扭矩渲染这些复杂的交互作用需要一个 6-DoF 的力输出。这种情况通常在力显示中需要一组更复杂的连杆。

实际上，触觉交互的计算机模拟就像其他渲染系统一样，只能提供有限的细节，因此需要简化计算机表示。从根本上来说，只有表示足够简单，才能达到实时渲染。但简单的同时也要包含足够的信息，能够满足应用程序的感官反馈。对于需要控制一个大约 1 000 赫兹的机器人的力显示来说，这一要求尤为重要。以这种速度模拟整个世界是理想的，但这通常是不可能的，因此需要采用一种中间表示。类似于计算机图形学的操作，多边形被用作高级描述（如"链"的概念）和单个颜色像素级别的最终描述之间的一个中间步骤。类似地，一个中间力（或其他触觉）表示可能包括对探针和少量附近表面之间的力的描述，然后渲染系统将其转换成信号，可以迅速发送到力显示。

有几种方法可以简化从世界模拟中传递要渲染到力显示的"图像"所需的信息量。高级的渲染应用程序接口可以对应用程序程序员隐藏这些简化，如弹簧和阻尼器模型、点与平面模型、多平面模型、点对点模型和多弹簧模型等。

下面将简要解释每个模型：

（1）弹簧和阻尼器模型

弹簧和阻尼器模型允许系统在虚拟世界中控制探头和表面之间的方向、

张力和阻尼。物理阻尼器的组成是气缸中的活塞，在气缸的末端有一个小孔。当活塞在气缸内前后移动时，它通过小孔将空气推入和推出。阻尼器的作用类似于汽车的减震器，是一种黏性阻尼装置。因此，在虚拟世界中，可以使用描述弹簧和阻尼器在物理世界中如何相互作用的方程来近似地描述一些物理交互作用。

（2）点与平面和多平面模型

点与平面模型通过放置一个与探针尖端（最近表面）相切的虚拟平面来表示探针与表面之间的相互作用。当探针跟踪表面形状时，平面沿表面的切线运动来模拟虚拟物体的形状。然而，使用这个模型很难模拟物体的角落和在高黏性流体中的运动。

多平面模型是点与平面模型的扩展。随着虚拟平面和曲面的增加，该模型提供了一种简化的虚拟世界中不连续角的绘制方法。当探针移动到一个角落时，可添加额外的平面来表示被描绘的形状的复杂性。

（3）点对点模型

点对点模型使用一个基本的弹簧模型，该模型由描述弹簧在两点之间被拉伸和压缩时的力的方程组成。点对点通常不用作一般模型，而是作为一个过渡模型，在复杂计算产生的高度波动力中维持稳定。对于可能提供广泛分散的力（可能过于剧烈而无法精确渲染）的模拟，可以模拟弹簧在模拟探针点和物理探针尖端之间活动。打个比方，如果你紧紧抓住一根松紧带的一端，另一端被一个人以一种非常不稳定的方式拉着，你会感受到另一端的不稳定运动。

（4）多弹簧模型

多弹簧模型提供了扭矩渲染的方法。如果仅在一点发生接触，则无法模拟扭矩旋转。通过将多个弹簧按一定模式排列在显示器的尖端，可以在尖端的每一边改变力，从而产生旋转模拟。当然，一个力显示必须能够有效地渲染这个模型的扭矩。

2.4.5.7 使用机器人形显示渲染形状（动觉）

物体表面也可以使用机器人形显示来渲染。将一个具有适当边缘或表面角度的物理表面放置在用户的手指或手指代理（通常是一支笔）的前面，用于模拟虚拟对象，当用户移动探针时，显示的表面将被定位并移动到与虚拟世界相匹配的位置。

一些特定的对象也可以通过专门的机器人形显示器来渲染，这些机器人形显示器配备了用于代表在虚拟世界中遇到的对象的样件。同样，在用户的手指或手写笔到达该位置之前，机器人将实际的物体放置在适当的位置，从而实现这些显示。例如，机器人可以将一个实际的拨动开关放置在虚拟世界中，表示虚拟开关的位置。

2.4.5.8 惯性和抗力效应（动觉）

惯性和抗力效应的模型在显示器上增加了摩擦、黏性（包括阻力）和动量（惯性力）的特性。摩擦力是由表面（如笔尖与物体）之间的摩擦所产生的阻力；黏性是流体（如水、空气）中运动的阻力，不一定是在表面上。对象表面构成一个形状，但当触摸到它时，我们也会感受到平滑度、顺从性（它如何与我们的手保持一致）和摩擦力等特征。这些特征是正交的。例如，一个光滑的表面因为组成它的材料不同会有不同的感觉。抛光后的大理石摸起来很光滑，表面摩擦小，因此与橡胶等高摩擦、柔顺材料制成的表面有着不同的触感。当用户接触到一个大质量的物体时，用户会感受到阻力，无法让它减速或移动。

2.4.5.9 错误纠正（运动）

错误纠正是在当触觉显示器违反了虚拟世界的规律时开始发挥作用。之所以会出现这种情况，是因为仿真的帧速率比触觉显示的帧速率和用户的速度都要慢得多，这使得它们能够穿透一个不可拉伸的表面。发生这样的错误是很常见的。错误纠正模型可以用于调和这些差异。一个强大的方向力会把用户拉到离地面最近的点上。通常，可视化代理将表示活动点，就像已经在外部表面上一样。

2.4.5.10 物理对象渲染（皮肤和动觉）

另一种选择是"用塑料渲染"。这是一种直观的技术，虽然不可改变，但它实际上创建了一个虚拟对象的物理模型，把它带入现实世界，使它可以拿在手中，直接体验。3D 打印技术有很多，其中立体光刻是最早的技术。该技术不提供交互反馈，但可以作为一种手段，提供定制的被动触觉对象。

2.4.6 语音交互技术

语音交互是人类与计算机之间最自然的交互方式之一。计算机首先采集人类的语音，然后通过人工智能算法对语音进行识别和理解，最后做出相应的反应。

通过语音交互，人类不但可以下达指令，而且可以实现大部分与其他人机交互方式一样的功能。随着语音交互技术及人工智能技术的发展，语音交互将在未来的人机交互中发挥越来越大的作用。语音交互的最大优点就是充分释放了人的手和眼的交互，在汽车驾驶等方面有很大优势。完整的语音交互系统包括语音信号处理、声学模型、语言模型、解码器及语音输出等多个部分。

2.4.7 嗅觉及其他感觉交互技术

嗅觉交互现在处于实验室研究阶段。嗅觉交互的原理：气味发生器可以产生各种气味，通过机械装置控制气味的扩散和传播，气味感知器获取当前空气中气味的浓度和种类，通过人机交互接口对气味发生器进行控制，通过气味感知系统实现对计算机的控制。

2.5 虚实场景融合

虚实场景融合是增强现实技术和混合现实技术的关键。为实现虚拟物体和真实场景之间的融合，应主要解决两者之间的几何一致性、遮挡一致性和光照一致性问题。

2.5.1 几何一致性

几何一致性意味着虚拟物体和真实物体看起来处于同一个现实空间，在几何位置上呈现的效果一致。比如将一个虚拟的杯子放在一张真实的桌子上，从各个方向观察，都要求能正常地确定杯子在桌上的位置。

几何一致性一般是通过实时跟踪三维物体或者摄像机的三维方位来实现。可通过计算机视觉方法，根据场景中的特征点来反算出摄像机相对场景的方位，基于此结果，按照指定的位置算出虚拟物体应该呈现的图形效果，从而在几何空间上与真实场景保持方向与位置一致。

例如，可用同步定位与地图构建（Simultaneous Localization and Mapping，SLAM）算法来反算出摄像机方位。利用 SLAM 算法可以从场景的传感器图像中提取特征点，并估算其粗略的三维地图，同时跟踪摄像机的方位。在机器人映射和导航中，SLAM 算法在构建或更新未知环境的地图的同时，还能实现位置跟踪及计算。

2.5.2 遮挡一致性

遮挡一致性问题主要涉及虚拟物体和真实场景的正确遮挡关系。比如用真实的手握住一个虚拟的杯子，此时拇指可能在虚拟杯子的前面，部分遮挡虚拟杯子的图形，而虚拟杯子则可能遮挡其他手指。通常需要通过计算机视觉方法，实时提取真实场景中的景物深度，然后根据深度来确定虚拟图形的遮挡关系。

2.5.3 光照一致性

光照一致性主要影响虚拟物体和真实场景的光照效果。一般需要估算出真实场景的光照方向和分布情况，然后利用估算的光照结果来绘制虚拟物体，生成与真实环境相一致的明暗度和阴影。

真实场景的光照条件可能很复杂而难以计算，在虚拟现实技术的实际应用中，一般可对虚拟现实场景的光照进行简化，只考虑较远的光源带来的局部光照效果，而不考虑场景物体之间反射光线相互作用下的全局光照效果。为了估算出光照参数，可以在场景中放置光照探测器。光照探测器可以是被动探测物，比如一个反光球，通过摄像机拍摄该反光球的图像，得到环境光照数据。光照探测器也可以是主动探测物，例如，可以直接用一个鱼眼摄像机来拍摄，得到环境光照数据。光照探测器采集到的环境光照数据可以作为环境贴图应用在虚拟物体的光照计算中，从而获得与真实场景接近的明暗度和阴影效果。

在虚拟现实技术应用中放置光照探测器比较麻烦，可以通过单张图片和视频帧来大致恢复出场景光照信息，利用对场景光照、几何和材质方面的一些假设条件来简化计算。比如假设场景材质具有镜面反射条件或者漫反射条件，分别推算出光源的方向和强度，或通过检测真实场景中的阴影来推算光照条件。

第 3 章 虚拟现实技术与高校教学

3.1 虚拟现实技术在高校教学中应用的可行性研究

虚拟现实是虚拟现实技术和全景展示技术的结合，能够全方位展示图片与视频信息，使展示出来的信息具有更强的真实性。目前，虚拟现实技术主要应用于军事、旅游、航空、游戏等各个领域，在教学方面的应用还比较浅显，仅有一部分高校将虚拟现实技术应用到了科研工作中。对于当前我国高校的教学体系来说，如果能够使用虚拟现实技术来辅助教学，就可以将教学内容与各类信息更直观地展现在学生面前，以达成更强的教学成效。

3.1.1 虚拟现实技术的特点

3.1.1.1 直观性

虚拟现实技术能够将教学内容与信息直观地展现在学生面前，并构建相应的三维空间，让学生真实地感受各个场景。

3.1.1.2 交互性

在使用虚拟现实技术的过程中，学生可以利用手持传感手柄等各种工具来跟系统进行互动，这种交互性是传统信息化教学很难实现的，同时也能够强化系统的真实性与体验性。

3.1.1.3 知识转化

在高校教学过程中，有很多教学内容很难直接在传统课堂中呈现出来，而使用虚拟现实技术，就能够将这些教学内容以视频的方式展现出来，提高学生对于教学内容的认识，同时也能够激发学生的创造性思维。

3.1.1.4 多感知性

虚拟现实技术在使用过程中能够充分调动学生的触觉、听觉、视觉等多个感官，而多感官感知能够融入更多的体验元素，增强最终的教学效果。

3.1.2 虚拟现实技术应用于高校教学的可行性

3.1.2.1 模拟各个教学场景

在高校教学体系中，由于课堂教学场地以及教学内容抽象性等各个方面的原因，部分具体教学内容很难直接展开。而使用虚拟现实技术以后，这些教学内容就能够以声音、图片、视频等各种形式展现在学生面前，模拟各个教学场景，提高最终的教学成效。

3.1.2.2 激发学生的学习兴趣

高校学生大都喜欢一些新奇的事物，而虚拟现实技术在学生身边还不常见，如果能够将其应用到教学中，那么大多数学生都会对学习产生更浓厚的兴趣。这也需要教师在使用虚拟现实技术的时候处于一个引导者的位置，能够激发学生在学习过程中的主动性，将现实环境中无法展现的教学内容进行灵活转化。

3.1.2.3 动态化的学习监控体系

虚拟现实技术还可以运用于学生学习监控体系。虚拟现实技术配合相应的程序和软件，就能够记录学生的学习情况，并跟踪不同学生的具体学习数据，监控学生的学习行为，并做出相应的反馈。这也让教师能够在教学的过程中及时了解学生的具体学习情况，　掌握自身所采用的教学方法最终取得的效果，以便改善下一步的教学方法。

3.1.2.4 拓展性较强的多元化功能

目前，虚拟现实技术在我国高校教学中的应用还处于低层次。就当前的实际状况来看，虚拟现实技术在我国高校教学中的应用主要还停留在教学内容与信息转化方面，和多媒体教学技术非常相似，而这也说明了虚拟现实技术在高校教学中应用的功能性并没有得到全面的发挥，在未来的教学过程中具有较为广阔的应用前景。虚拟现实技术能够调动学生的多种感官，也可以跟各教学内容融合，同时还能实时监控学生的学习行为。如果能够充分开发虚拟现实技术在教学领域中的各项功能，那么就能够拓展这项技术的应用空间，促进高校教学的变革。

将虚拟现实技术应用到高校教学中，可以显著提升高校教学效果，促进高校教学进步。对于许多高校来说，引入虚拟现实技术并将其应用到教学中并不困难，特别是在信息化教学不断推进的背景下，各高校的信息化教学设备都比较充足，给虚拟现实技术的应用提供了一定的硬件与软件支持。不仅如此，虚拟现实技术在高校教学中也具有多元化的功能，并且具体使用的灵活性也比较高，在很多教学领域都能够取得较好的效果，在未来的应用中具有广阔的前景。

3.2 虚拟现实技术在高校教学中应用的理论基础

3.2.1 建构主义学习理论

皮亚杰最先提出建构主义理论。他认为，儿童认知的持续发展应该从内外因素相互作用的角度来研究和探讨，并认为儿童对外部世界的认识是在与周围环境相互作用的过程中发展起来的，从而逐步完善自身的认知结构。

建构主义学习理论认为，在教学活动中要以学生为中心，强调学习的主动建构性、社会互动性和情境性，注重学生对学习过程的自我控制和经验背景，注重将经验背景进行意义建构并与所学知识相结合，以实现知识经验的更新。理想的学习环境包括四个部分，即情境、合作、会话和意义建构。虚拟现实技术可以丰富课堂的教学手段，促使学生积极主动获取知识，创设有利于学生学习的情境，帮助学生对所学知识进行意义建构，以及对既有知识重组，以完成预定的学习任务。虚拟现实技术可以构建视觉场景，让学生直观地理解事物，更容易让学生理解事物的本质及其发展规律。特别是学生可以利用虚拟现实技术与虚拟对象交互，有利于提高知识的应用能力，从而实现对所学知识的意义建构。

（1）虚拟现实技术有利于学生学习的主动建构

建构主义学习理论认为，知识的意义是学习者主动建构的，学习者综合、重组、转换、改造头脑中已有的知识经验来解释新信息、新现象、新事物或解决新问题，最终生成个人的意义。虚拟现实技术的沉浸感消除了用户与计算机之间的界限，为个人创造了一种情境体验，以理解世界，促进学习。

（2）虚拟现实技术为学生认知结构的发展奠定基础

建构主义学习理论认为学习需要做到理论与实际相结合，要依托环境，情感与生活相互影响促使学习发生，学习是个体不断适应的动态过程，也是对环境的真实反映。而虚拟现实技术可以展现人类感知范围以外的事物，做到实际生活中无法完成的事；虚拟现实技术还可以将抽象概念转为具体的体验过程，被人们所感知。将虚拟现实技术应用在教学中，能有效地促进学生认知结构的形成和发展。

（3）虚拟现实技术更有利于促进学生互动

建构主义学习理论认为，学生的学习活动是将新知识与前人经验结合起来成为一个完整体系的过程，是一种积极的求知行为。教学是学习者凭借环境提供的丰富工具和资源构建自己的知识和理解的过程。学生在学习过程中应把自己所学知识与经验相结合，加以理解、批判，并分析合理性，从而形成自己的知识。虚拟现实技术的 3D 图形界面和听觉特性，以及学习对象的 3D 交互特性，可以让用户沉浸其中，获得较好的体验感。应用在教学中的虚拟现实不需刻意模仿、追求真实程度，它是一个客观的模拟对象，是全面的媒体。虚拟现实可以给用户带来最真实的客观感受，所以不需要解释用户看到、听到、感觉到的想象，所以虚拟现实技术教学软件能做到吸引学习者的注意力，增强学习效果。另外，虚拟现实环境有不同的可调参数，这个特性更有利于学习者的交互性学习，它可以做到将现实特征通过虚拟世界表现出来，增强学习者的真实感受，使学习者获得较真实的体验感。

3.2.2 认知主义学习理论

认知主义学习理论认为，人的认识是通过积极主动的内部信息加工活动形成的，而不仅仅是对外部信息的直接获取。根据认知主义的基本观点，学习过程可以被理解为一个信息加工的过程，即学习者将环境刺激信息结合过去的知识经验，主动地、有选择地内部加工。教师不能把学生当作"容器"而进行知识与技能的灌输，学生也不再是被动的"接收器"。教师要激发学生的内在学习动机和学习兴趣，然后把教学内容、结构与学生的经验水平有机结合起来，使学生能够主动地、有选择地处理外部刺激所提供的信息。认知主义的教学理念是要给学生提供一种特定的情境和特殊的过程，使学生进行认知加工，使学生能够主动地形成认知结构，而不是被动地形成刺激—反应联系，促进学生的认知发展。

在教学过程中，第一要遵循动机原则。学生最基本的三个内在动机，分别为好奇的内在动机、胜任的内在动机和互惠的内在动机。教师要善于促进和调节学生的探究活动，有效地激发学生的内在动机，达到预定的学习目标。第二要遵循结构原则，任何知识结构都可以用动作、图像和符号三种表象形式来呈现。第三要遵循程序原则，教师在教学中要把握学科内的各种程序，提高学生对所学知识的掌握、转化和转移能力。第四要遵循强化原则，适当地强化时间和节奏是教学成功的重要因素，教师应及时向学生提供纠正和改进的反馈信息，并引导学生进行自我反馈，提高学生学习的自我意识和主动性。

任何的认识理论都有自身的本体论。虽然传统认识论的本体论有很多种，但它们的共同之处在于以现实为基础探索认识的对象、过程和本质。虚拟现实技术的出现和应用创造了虚拟物体。从认知过程方面来说，认知由传统的与现实世界打交道转变成了与虚拟对象打交道，将认知过程中的某些环节交给了虚拟对象，以此产生新的认知方式。

3.2.3 行为主义学习理论

行为主义学习理论在 20 世纪初逐步形成。行为主义学习理论认为，学习过程是生物体在一定条件下形成刺激—反应连接以获得新经验的过程。行为主义学习理论的基本观点是，学习由四个基本要素组成，即内部驱动、提示、反应和强化。将虚拟现实技术应用在教学中改变了人们对行为主义的理解，至少体现在以下三点：

3.2.3.1 促进对可观察行为的认识

在传统的认识论中，学习者所操作的对象是现实中的，而虚拟现实中的对象是模拟现实的虚拟对象。学习者操作虚拟对象产生的可观察行为拓展了可观察行为的内涵，有利于提高学生对可观察行为的认识，从而引发评价方式和内容的转变。需要指出的是，现实对象和虚拟对象的可观察行为不是互惠的，因为最终目的是让学生通过操作虚拟对象提高对现实对象的操作与控制能力，因此要基于此目的去建立虚拟对象的可观察行为。

3.2.3.2 激发学习动力

行为主义学习理论认为学习这一行为产生的原因总是与刺激、反应、惩罚、强化等概念相联结，是由内部或者外部的刺激才造成行为的发生，例如主体感到饥饿、口渴等，他就会结合自身的经验或习惯去采取行动。比如感到饥饿（刺激）了就去吃饭（行为）。"想办法吃饭"这一过程会持续到饥饿感消失，这就证明要保持、加强或削弱某种行为，就必须要运用惩罚、强化等手段。学习行为也是一样，若想取得优异的成绩（刺激）就要采取学习行动（反应）。由此可见，行为主义学习理论认为外部动机具有重要作用，而这一点刚好符合虚拟现实技术给高校教学带来的影响。

第一，虚拟现实技术的虚拟三维空间模拟了现实世界和视听、感知等的感受性，这种特性能激发学生的学习动力，有利于将学生的外部动力转化为内部学习动力。第二，虚拟现实技术的虚拟三维对象与学习者之间的交互和反馈促使其理解现实世界的知识，减少学习者在学习二维知识时所需付出的想象方面的努力，减少学生的无聊感，有利于保持学习动力的持久性。

3.2.3.3 增强实践知识练习

在教学过程中，教师经常会遇到如何教授操作性知识的问题，像如何击球，如何解剖动物等。想掌握操作性知识，学生必须对此行为不断地强化，对经济条件和环境条件都有较高的要求。如 100 名学生都要进行解剖生物的练习，但学校不可能为 100 名学生都提供生物实体；再如在网球教学中，通常一个班有 40 多名学生，学校不能保证每一位学生都有充分的练习场地。

高校可以利用虚拟现实技术构建物理模型，根据需要设计灵活、自由、及时、合理的操作反馈和导航系统。利用虚拟现实技术教学，既可以使学生熟练地掌握操作性知识，又可以帮助教师进行大规模教学，从而降低了学生在现实操作中达到熟练程度所需的练习次数，适应所需的时长，以及犯错误的概率。

3.3 虚拟现实教学概述

3.3.1 虚拟现实教学

在高校教学中，虚拟现实技术可以大显身手。当教师试图把一些设备的内部结构和运作动态展现给学生时，就可以借助虚拟现实技术，为学生营造一种身临其境的体验感，方便学生观察和学习，无论是对自然物理学科还是社会学科，虚拟现实技术都有积极的现实意义。搭建模拟环境的首要任务是对真实世界中的被模拟对象进行建模，然后借助计算机程序来表达此模型，通过运算和辅助设备输出。这些"输出"就是教师需要的，能够较为形象和粗略地反映出真实世界的特征和行为。借助虚拟现实的教学事实上是一种计算机辅助教学（Computer Aided Instruction，CAI）教学模式。

当然，各高校现阶段受技术及经济可行性的限制，在教学中应用的虚拟现实技术还处于一个比较初级的阶段，虚拟现实技术大部分属于桌面级的。所谓"桌面级虚拟现实"，是利用普通计算机和外围辅助设备进行虚拟模仿，用户通过计算机的显示屏来观察虚拟环境，更进一步的是用各种外围辅助设备来操纵虚拟环境中的各种物体和切换角色。常见的外围辅助设备包括鼠标、操纵柄、追踪球、力矩杆等。参与体验的人借助位置跟踪器加上一个类似于鼠标或追踪球的手控输入设备，通过计算机显示器来360度地观察虚拟环境，并可以操控虚拟环境中的物体。不过在这种虚拟环境中体验者仍然不可避免地受到现实环境中的各种干扰，无法真正全身心投入其中。缺乏完全投入的体验是目前桌面级虚拟现实技术的最大弊端，而其优点是有着相对低廉的成本，方便推广，对一些理工类，特别是工程类课程的教学比较适用。

随着未来科技的进步和相关技术的实用化，高校在教学过程中可以更进一步采用浸入式的虚拟现实技术，实现更为高端的虚拟现实。未来的高级虚拟现实系统可以实现完全投入的深度体验，让学生感觉跨越时空界限，体验完全置身于虚拟世界之中的情景。这样的技术完全隔断了周围现实环境的影响，真正实现"感同身受"，给学生完全"真实"的感官体验，学习效果可想而知。

3.3.2 虚拟现实技术对教学的影响

虚拟现实技术可在较大程度上对当前的高校教学进行补充和优化，在心理感受、学习体验、教学限制等方面均发挥重要作用，具体体现在以下几个方面：

3.3.2.1 对教学条件进行补充

在现实教学中由于经费及硬件条件限制，部分实验、实践、体验等教学内容效果较差或不能实现，虚拟现实教学可对此方面进行补充。

3.3.2.2 激发学生学习兴趣

与传统教学形式相比，虚拟现实教学能够通过虚拟情景的方式 调动学生各种感官，增强学生的参与性，化被动为主动，在激发学生学习兴趣方面效果显著。

3.3.2.3 提高教学安全性

在传统教学中，尤其是实验教学中，部分实验由于具有危险性，所以仅能停留在讲授层面，虚拟现实教学可为学习者提供更多的选择机会，尝试和体验各种实验方案的过程与效果，同时避免实践操作中可能形成的危险。

3.3.2.4 重视心理体验

虚拟现实技术可对教学所需的环境、人物、场景进行全面模拟，使学习者完全沉浸于学习环境中，感受更加直观，学习者对教学内容的记忆与理解更深。

3.3.2.5 突破时间与空间的限制

通过虚拟现实教学可实现对物体内部、宇宙空间等的模拟，可实现短时间内呈现实际需要上百年完成的演变过程，可实现特定时间与背景下的事件还原，通过生动的形式使学生体验和掌握知识。

3.4 虚拟现实技术与互联网教育的结合

科技的进步与发展，推动了虚拟现实技术的迅速崛起，虚拟现实技术也给各行各业的发展带来了全新的改革契机。互联网教育活动和虚拟现实技术的有效融合，给教育事业提供了全新的发展机遇。虚拟现实技术的诞生，促进了互联网走向虚拟现实化，同时虚拟现实技术可以创建更多的虚拟化的现实教育情境，让学生更好地融入教学场景，在提高学习效率的同时，有效地达到学习目的。因此，下面将针对虚拟现实技术与互联网教育，阐述互联网教育与虚拟现实技术结合的发展方向，以及虚拟现实技术在各行业领域的应用。希望能给更多的学者提供一些参考。

近年来，随着大数据和相关技术的不断发展，各行业都将自己的相关产业与互联网相结合，努力在市场中抢占位置。互联网和教育相结合的模式，对各行业都有着重要的影响，而虚拟现实技术的引进，更是改变着各个行业的发展模式。

3.4.1 互联网教育的概念

互联网教育就是"互联网＋教育"的新型教育模式。随着科学技术的不断发展，信息化技术已经走进了社会的各个行业。互联网具有传播、共享、高效等特点，给学生的学习和生活提供了很多便利，互联网成了学生学习的好助手。互联网和教育相结合的方式，不但可以提升学生的交流能力，还能拓宽学生的视野，对丰富学生的知识有着重要的作用，更能培养学生的思维能力和探究学习能力，并使学生形成良好的行为习惯。

3.4.2 虚拟现实技术与互联网教育结合的发展方向

3.4.2.1 虚拟现实技术带领教育行业进入全新模式

首先，互联网教育模式打破了传统的教育观念，将单一的教学模式转化为自由灵活的教学模式。而虚拟现实技术和互联网教育模式的结合，解决了互联网教育存在的对学习者缺乏约束性、容易产生视觉疲劳等问题。互联网教育和虚拟现实技术的结合与应用，将给学习者带来全新的学习体验。虚拟现实技术将模拟学和教的场景，实现两者的重新结合，给学生带来生动、形象、逼真且亲切自然的学习环境，将学生带入虚拟的学习氛围中。

其次，虚拟现实技术和互联网教育相结合，不仅可以激发学生的好奇心，还能让学生在虚拟现实和互联网教育环境中时刻有着新鲜的感受和体验，对学习保持新鲜感。通过虚拟现实技术将理论知识生动化、立体化地展现给学生，学生会对学习内容有更加深入的了解。比如虚拟现实技术在各专业教学方面运用得十分广泛，虚拟现实技术的优势在各专业课程中展现得淋漓尽致。例如，在石油化工技术专业课程学习过程中，虚拟现实系统可以给学生创建一个虚拟的石油化工实验基地。模拟实训让学生了解石油化工企业的操作规范及流程，熟练掌握石油化工生产自动化操作系统，有利于培养石油化工企业一线需要的"会操作、懂管理、动手能力强"的高素质技能型人才。

3.4.2.2 虚拟现实技术更新互联网教育观念

目前，互联网教育模式已被广泛应用于教育领域，但还是有很多教师受传统模式的影响，依然坚持只使用传统教育模式，始终相信传统课堂更有利于学生对知识的学习和了解。还有一部分教师在传统教育和互联网教育之间犹豫徘徊，呈观望状态。互联网教育模式实际上存在一定的劣势，其将教学与学习之间的联系彻底分离，虽然互联网教育的教学时间和学习方式更加自由，但是互联网教育模式不能像传统教学模式那样人性化。虚拟现实技术和互联网教育的结合，彻底打破了传统的教学观念，更新了互联网教育教学观念，为教师提供了更多选择。

3.4.2.3 虚拟现实技术可以弥补互联网教学资源的不足

在互联网远程教育中，会因为实验设备场地、经费等各种问题影响教学实验，从而使其无法顺利开展，但利用虚拟现实技术可以建立各种虚拟的实验室，如化妆品技术专业实验室、石油炼制技术专业实验室等。在虚拟的实验室中，学生可以自由地做各种虚拟的实验，研究各类化妆品配方、体验石油炼制过程等，获得最真实的体验感受，从而丰富了教学内容，使学生更加深入地了解相关知识。虚拟现实技术的诞生，弥补了互联网教育教学资源的不足，让学生可以随时随地做各种模拟实验。例如，在新能源汽车技术专业中，教师可以充分利用虚拟现实技术构造虚拟的立体化新能源汽车模型，将学生带到虚拟的新能源汽车模型周围，让学生通过直接观察了解整个专业的技术特点和新能源汽车的原理等。

3.4.3 虚拟现实技术在各行业中的应用

虚拟现实技术与互联网教育结合，使学生对虚拟现实技术有了更全面的了解。

3.4.3.1 虚拟现实技术在石油化工企业中的应用

如今，石油化工企业对突发事件的应急演练的要求越来越高，但实战演练成本高、有安全风险。面对这些问题，石油化工企业可以利用虚拟现实技术开发突发事件应急演练虚拟现实系统，对灾害事故现场进行仿真模拟，并利用人体交互技术，让参与演练的人员在虚拟现实场景中对突发事故进行处置演练，提升专业人员的应急响应能力。

3.4.3.2 虚拟现实技术在汽车行业中的应用

在汽车设计模拟中，设计者可以通过虚拟现实技术模拟司机在行驶时车辆前后方的视野，验证车身内外饰是否与设计意图吻合。评估者可以用虚拟现实技术评估驾驶者座位的各项人体工程学指标，对人体交互系统进行直接的可视化管理。在模拟汽车零部件装配的过程中，操作者可以运用 3D 技术对零部件及其装配体进行建模仿真分析，发现零部件之间装配关系存在的问题。

3.4.3.3 虚拟现实技术在计算机游戏方面的应用

虚拟现实技术在计算机游戏方面的运用也十分广泛。将虚拟现实技术融入计算机游戏中，能给任何年龄的体验者带来身临其境的感受。在虚拟现实游戏环境中，游戏不但可以帮助体验者释放生活、学习或者工作上的压力，还能更好地让体验者真实感受到虚拟游戏环境带来的乐趣。

随着虚拟现实技术的成熟，将虚拟现实技术与互联网教育有效融合，可以给互联网教育带来新的发展机遇。虚拟现实技术可以给学生提供生动逼真的学习氛围和环境，让学生主动参与到学习中来，激发学生的学习兴趣，从而达到教学目标。高校作为重要的人才培养基地，应重视互联网教育，将虚拟现实技术与互联网教育相结合，以更好地适应社会发展的新趋势。高校应该不断探究虚拟现实技术在教学中的益处，对此投入更多的资金，努力实施虚拟现实教学方式，利用虚拟现实技术提升教学效率，为国家培养出会操作、懂管理的高素质人才。

3.5 虚拟现实实验室的实现

虚拟现实技术可以用来制作方便学生进行虚拟实验的实验系统，即虚拟实验室，包括与现实实验室相对应的虚拟实验室环境、所需的实验设备器具、信息资源和实验对象等。在虚拟现实搭建的实验室中，学生进入实验场景，能够从不同的视角观察实验对象，可以借助鼠标或操作柄进行选择或拖拽等操作，与虚拟实验室中的物体进行一定的互动。

3.5.1 仿真实验

实验教学是人才培养的重要环节,在工程型人才培养过程中有着重要地位和特殊作用。在信息化环境下,将虚拟仿真实验平台应用于实验教学,目的是以基于网络的虚拟技术为手段探索开放式实验教学模式,培养学生的实践能力和创新能力,促进学生知识、能力、素质的综合发展,引领本领域虚拟教学平台建设,满足现代通信与网络高速发展下专业人才的培养需求。虚拟现实教学平台的应用打破了传统实验课程中时间和空间的限制,促进了实验课程建设,并在一定程度上改变了人才培养模式和学生的学习方式,取得了一定的教学成果和初步成效。

例如,某校基于校园网搭建虚拟仿真实验平台,针对通信技术迅速发展所呈现的"多元化和网络融合化"趋势,秉承该校培养学生具备"大通信、大网络"全程全网通信视野与知识的教学传统,探索构建"虚拟化、网络化、开放化"的教学实验平台创新思路,以培养信息通信类专业学生的实践能力和创新能力为目标,打造"以人为本,激励创新,目标驱动,融会贯通"的实验教学平台,形成"系列化、层次化、规范化"的信息化实验教学模式。通过建立"虚拟化"的通信与网络实验环境,构建与传统的硬件实验"虚实结合"的通信与网络仿真平台,该实验平台包括 4 个子实验平台(软件定义网络实验平台、云计算平台、全程全网实验平台、虚拟仪器平台)和 1 个教学支撑平台。

虚拟仿真实验平台利用虚拟化手段辅助实验教学,提升了教学的信息化程度,丰富了学生的学习体验。该平台从各教学内容的教育规律出发,提供了验证型、设计型、综合型、创新型等多种形式的虚拟仿真实验。学生可以远程登录虚拟仿真实验服务器进行远程虚拟实验，也可以随时随地进行离线虚拟仿真实验；可以到实验室在教师指导下进行纯虚拟仿真实验，也可以在实验室进行虚实结合实验。教师则可以在课堂上登录远程服务器对虚拟仪器仪表或虚拟网络进行操作控制，进行现场演示。

该校通信和计算机专业基础课及专业课普遍采用了虚拟仿真类实验，主要课程包括"通信原理""通信系统仿真与实现""通信网理论基础""现代通信技术""移动通信""卫星通信""移动网络的仿真与规划""光通信系统""光网络技术""天线与电波传播""微波与光传输""信息与通信系统仿真""计算机网络""网络与交换技术""交换网络性能分析""网络管理与监控""网络流量监测""多媒体技术与应用""多媒体通信""移动多媒体""多媒体网络编程""计算机通信与网络""语音信号处理""数字图像处理""LabVIEW 虚拟实验系统的设计""Linux 操作系统""物联网与无线传感网络"等，实践环节包括"专业实习""认知实习"和"课程设计"等。

目前，该校开设的虚拟仿真类实验项目已占到学生全部实验的 50%以上。虚拟仿真实验将许多原来学生触不可及的实验引入实践教学，如蜂窝网络、无线信道、LDPC 编解码、路由协议、物理层通信的细节过程等，使实验内容的覆盖与传统实验方式相比有了极大的扩展，提升了学校的教育质量。另外，该校对虚拟仿真实验的开展不仅停留在远程登录服务器进行实验操作上，更侧重学生自主开发虚拟仿真内容，进而锻炼了学生的创新开发能力。

一套完整的虚拟实验教学系统由前台和后台组成，后台实现实时仿真，前台是通过多媒体展现的虚拟化操作环境。在搭建虚拟仿真实验平台时，应根据当前的条件和需求选择相应的开发工具。

3.5.2 支持技术

现在虚拟现实技术发展非常迅猛，就目前来说，国内外对虚拟实验室的开发一般采用以下几种方法：

3.5.2.1 使用 Java＋VRML 组合开发

Java 因其强大的跨平台特性，成为开发应用软件的主要工具，是一种纯粹的面向对象的开发工作。虚拟现实建模语言（VRML）对虚拟环境里各种对象的特征进行建模和描述，是用于虚拟现实的建模语言。采用 Java＋VRML 混合编程是实现较复杂动态场景控制等高级交互功能的有效方法。这种开发方式成本较高，要求客户端提供如感应头盔、触觉手套等大量的专业的设备，也要求计算机具有很高的性能，所以搭建基于 Java＋VRML 的虚拟实验是一个较为复杂的、开销比较大的过程。

3.5.2.2 使用 ActiveX 开发控件

微软公司为适应现代网络需求的迅猛发展，将对象链接与嵌入（Object Linking and Embedding，OLE）技术重新定义，这就是 ActiveX 技术的由来。代码可复用性在开发虚拟实验室过程中非常重要，因此可以利用现有的 VB、VC＋、Builder、Delphi 等支持 COM 规范的任意开发工具来开发 ActiveX 控件。但是 ActiveX 没有良好的移植性和通用性，因为其只能在 Microsoft Windows 的操作系统平台上运行。

3.5.2.3 使用 Quick Time VR 开发

Quick Time VR 是基于静态图像处理的实景建模技术，也是虚拟现实技术。该技术利用离散数据，如数字图像、照片、录像等，来搭建三维空间及三维物体的造型，构造虚拟环境，以达到可全方位观察的效果，使得感觉更真实、图像更丰富、细节特征更鲜明。利用 Quick Time VR 开发虚拟实验室，制作简单、开发周期短，有较强的可控性。

3.5.2.4 使用 Flash 开发

Flash 容量小、缩放不变形，有良好的兼容性，能直接嵌入 Action Script 脚本。而且 Flash 具有功能强悍的工作组，可实现自动对 Flash 网站的数据驱动进行更新，这样为程序员节约了大量的开发时间。因此，目前来说 Flash Action Script 是用于开发网上教学虚拟实验室的简单实用的平台之一。

3.5.3 功能模块设计

无论是什么学科的虚拟实验系统，都由三个功能模块组成：

（1）网络服务

登录该系统后学生可自主选择将要进行的实验，并根据实际需要获得相关的指导。

（2）仿真实验

学生挑选相关的仿真实验，在仿真实验室系统的提示下展开相关操作，仔细学习操作过程，观察实验现象，分析实验结果。

（3）数据库

数据库为虚拟实验系统提供相关的数据服务。

3.6 虚拟现实课件制作

面对新兴技术，难免会有人质疑：筹备虚拟现实课件会不会对技术和成本提出过高要求？其实，虚拟现实课件的制作并不像想象中的那么复杂，甚至不会比传统的课件制作更复杂。通过虚拟现实课件制作中心，教师可采用可视化逻辑编程，无须触碰任何编程代码，即可实现快速编辑虚拟现实课件的内容。

虚拟现实课件制作中心是集高性能计算机工作站、HTC Vive 虚拟现实头戴显示器、一体机 Focus 等高端硬件设备及沉浸式课件编辑平台 VR Maker Editor、逻辑编辑器 VR-PPT 等专业创作软件、平台于一体的虚拟现实内容制作环境，能够支持绝大多数交互式实训。

虚拟现实课件制作中心按功能分为虚拟现实课件制作模块和虚拟现实课件测试环境模块。前者主要由计算机和虚拟现实应用软件构成，支持沉浸式认知课件和交互式实训课件的制作；后者主要针对制作出的虚拟现实课件做测试，包括单个课件内容的测试和教学环境推送体验教学的测试，最终实现课件的制作开发及支持教学的功能。

VR-PPT 是一款虚拟现实内容编辑应用软件，以简易、高效、即编即用为目的，以使虚拟现实课堂更生动为基础，解决展示效果到后期复杂交互的难题。使用 VR-PPT 所提供的编辑场景与模型素材，可以进行绝大部分以浏览器展示为核心的课件编辑及以交互为核心的虚拟现实实训课件编辑。

VR Maker 沉浸式课件编辑平台是基于自然交互技术（包括裸手交互、眼控凝视交互、3-DoF/6-DoF 控制器）的沉浸式素材（包括全景素材、次世代模型素材）与 2D 内容（包括文字、图片、音视频等）的混合编辑工具。用户能够基于 PowerPoint 的使用习惯，借助 2D 内容快速、简单地编辑课件知识点（或直接导入已经编排好的 PowerPoint 文件），然后利用动效编辑功能与对象管理功能，将 2D 内容与沉浸式素材关联，进而实现沉浸式环境下的自然交互教学。

通过这些软硬件的帮助，教师可以方便快捷地制作虚拟现实课件。这些软件上手容易，成品效果好，明显优于传统课件的制作。

3.7 虚拟现实教室

虚拟现实教室已经有不少实践和应用，如复杂静物一键式快速建模实验室、虚拟现实金工实训中心、虚拟现实开放实验室等。虚拟现实教室主要有两种类型：第一种是专业实训实验室，这种虚拟现实教室大多通过对场景的模拟仿真为学生提供一个虚拟的专业实训环境，让学生随时随地更方便高效地锻炼专业技能，同时能避免真实的高危环境带来的风险；第二种是学习型实验室，这种虚拟现实教室将课程的重点、难点更直观地还原展现给学生，通过视觉和听觉的冲击，学生会更有沉浸感，会加深对学习内容的理解与掌握，达到更好的学习效果。

专业实训实验室主要面向高等教育。目前，有些学校经费有限，无法满足每个学生多次进行实训的要求。同时，有些专业实训环境中有大量的有毒物质，若学生长时间暴露在实训环境中，会影响其身体健康。因此，由于条件有限和考虑学生的安全问题，学校会尽力压缩学生的实操实训的时间，学生无法从多次实训中获得经验，远远达不到实训的目的。现在，虚拟现实技术为学校和学生解决了这个问题，新兴虚拟现实技术和传统模拟仿真技术为学生创造了一个安全、沉浸、效率高、低成本的虚拟工作间，学生可以借助全仿真的环境和器具、精确的数字化结果显示、各角度的过程回放、辅导教师的教导，一步步地修正自己的操作，从基础课程开始练习，依次经历中、高级课程，最后再进行自由练习，为实操打下坚实的基础。如喷漆、焊接、汽车发动机维修等专业实训课程，都可以通过虚拟现实教室让学生练习。

虚拟现实技术提供的专业实训实验室克服了传统教学的一些弊端，提高了安全性和学习效率，节省了成本，全程无污染，符合未来发展趋势。

学习型教室则更为普遍，下面以能实现多人交互、多人同步和实时互动的虚拟现实开放实验室为例。虚拟现实开放实验室是基于虚拟现实技术软件系统及虚拟现实一体机整体设计的虚拟现实教学与实训环境。该实验室集HTC Focus 虚拟现实一体机、高性能服务器、教室定制化触碰交互集控台、充电同步一体化储存柜、高性能企业级路由器、高密度无线网络设备及教室整体空间设计与布局于一体，支持学校开展虚拟现实沉浸式认知教学、交互式实训实操训练，创新了课堂教学模式，解决了传统教学不能支持的高成本、高风险、宏观、微观教学难题，提升了教学质量。

虚拟现实开放实验室由多人协同教学管理系统和虚拟现实教学设备组成。其中，多人协同教学管理系统是一套虚拟现实课堂教学管理系统，由教师 PC 客户端兼教室中控服务器系统，以及师生的虚拟现实一体机客户端组成。该系统用于实现虚拟现实课堂教学中的教学资源播放、师生互动、教学流程管理等功能，其特点是支持师生多人在同一虚拟空间中的协同互动，使得教师讲解、师生互动研讨等教学需求在虚拟现实中成为可能。

虚拟现实开放实验室有如下主要功能：课件下载及推送服务、一键开启/关闭课件、师生分组互动、教学资源播放控制、实操性虚拟现实教学、会议研讨、虚拟现实内画面传输等。

3.8 虚拟现实技术应用于高校教学的优势

在大部分高校的现有条件下，一些针对大型机械设备，如发电设备、航空设备、核能设施、数控机床，以及一些非常昂贵的精密仪器设备等的实验，几乎难以实现实物操作。一方面是这些物品要么过于昂贵，要么出于保密原因无法民用；另一方面即便一些高校有建设此类实验室的资源，但维护这些设备的开销也非常大。另外，很多实验室带有一定的危险。而虚拟现实技术就能较好地解决高校能提供的实验条件与要达到的实验效果之间的矛盾。

在进行实验时，假如要用到较多昂贵的实验器材，或者损耗巨大，出于成本的因素，学校无法大规模采用。如果借助虚拟现实技术，建立虚拟现实实验室，学生就可以利用虚拟现实实验室进行仿真实验，模拟使用仪器设备，通过虚拟现实实验室系统来衡量操作结果，并把相关结果反馈给教师。这种虚拟实验不受场地和外界环境的限制，不会浪费器材，更不会造成昂贵设备的损坏，关键是在实验效果不理想时，学生可以反复地实验，直至得到理想的效果为止。虚拟现实实验室还有一个无可替代的巨大优势，就是其有绝对的安全性，几乎不可能发生人身伤害事故。

将虚拟现实技术应用于高校教学，对高校教学的发展具有划时代的意义。它营造了"自主学习"的环境，改变了"以教促学"的传统学习方式，利用虚拟现实技术学习，学生可以将自身与信息环境直接作用于学习知识、掌握技能，这是一种新型的学习方式。在虚拟现实系统下，学生可以感受到生动、立体、传神的环境，获得直观的虚拟体验，提升学习效率，获得更为牢固的知识。与抽象而空洞的说教相比，学生亲自参与、亲身感受更加有效，因为被动地灌输与主动地交互有着本质的区别。利用虚拟现实技术，可以在短时间内搭建成本低廉的各种虚拟实验室，这是传统实验室不可能做到的。具体来说，虚拟现实实验室的优点主要体现在以下几个方面：

3.8.1 节省成本

这里所说的成本包括时间成本和资金成本。不少科目的实验经常受时间、场地、经费、设备等软硬件的限制无法真正实施，借助虚拟现实实验系统，学生无须"鞍马劳顿"便可以进入所需的虚拟实验室，获得最接近真实实验的体会；而且在获得不错的教学效果的前提下，人力成本和物力资源消耗都非常少。

3.8.2 规避风险

在现实生活中，有些实验或操作具有危险性。在虚拟实验环境中，学生利用虚拟现实技术，不必害怕受伤，能放心地去完成实验。例如，虚拟环境下的船舶轮机教学辅助系统，可以防止学生误操作所导致的人身伤害事故的发生，并且避免了昂贵的主机和电动机等贵重设备的损毁。

3.8.3 打破空间和时间的限制

借助虚拟现实技术，能够彻底打破时间和空间的约束。通过互联网及相关设备，学生可以在任意时间进行实验操作。

随着高校的扩大招生，很多高校设立了分校或者远程教育授课点，在这方面，虚拟现实系统可以大显身手，为各个教学点提供可移动的电子教学场所。校园网或互联网作为虚拟实验室的信息通道，可以让各个终端享受到持续开放的、远距离的教育。虚拟现实提供的新技术应用在高校的各类培训中，可以为社会创造更多的经济效益和社会效益。随着计算机硬件设备价格越来越亲民，虚拟现实技术正在不断发展，也越来越成熟。虚拟现实技术有着强大的教学优势和发展潜力，在不久的将来会更受到教育界的重视，获得众多教育工作者的青睐，被广泛应用于教育培训领域，并发挥出独特的重大作用。

第4章 虚拟现实技术在高校教学中的应用举例

4.1 基于虚拟现实技术的计算机教学

当前，计算机专业已逐渐走向成熟，并且教师在教学中应用的教学手段也越来越先进。现代虚拟现实技术在计算机教学中的应用，使本身具有虚拟性的计算机教学具有真实的可操作性，这也使学生获得更直观的感受。下面主要对虚拟现实技术在计算机教学中的应用与改革进行具体分析。

传统计算机教学由于受教学基础设施建设以及教学方法等方面的影响，一些教学内容无法有效完成，只能为学生提供简单的理论讲解，不利于学生对计算机技术的学习和掌握。虚拟现实技术在计算机教学中的应用能够提升学生学习的积极性，提升计算机教学的质量。

4.1.1 虚拟现实技术在计算机教学应用中的优势

4.1.1.1 提升教学的真实性

计算机教学中涉及很多原件组装内容，但是在实际的课程开展中，这些操作无法保证每个学生都能完成。虚拟现实技术的出现有利于促进计算机教学模式的改革，将传统的教学模式与虚拟现实技术结合，为学生提供一个虚拟的操作环境。同时能够使学生感受到操作的真实性，引起学生大脑活跃运动，激发学生的学习兴趣和思维能力，提升学生学习质量。

4.1.1.2 提升教学的交互性

教师可以利用虚拟现实技术为学生构建虚拟学习平台，并通过平台对学生的学习情况进行观察和了解，及时发现学生的学习情况和存在的问题，并在平台上给予学生指导，提升计算机教学的互动性。此外，虚拟现实技术的应用还有利于激发学生的学习兴趣，促进学生思维的发展，进而提升学生课堂的参与性以及课后练习的积极性，这对计算机教学效率的提升具有重要作用。

4.1.2 计算机教学中虚拟现实技术的应用与改革

4.1.2.1 计算机教学中虚拟现实技术的应用

高校计算机课程教学在实际操作前要求学生掌握大量的理论内容，而且许多理论内容需要记忆，如数据编码等。传统计算机教学中，对这些教学内容学生只能通过死记硬背的方式记忆，难以获得良好的教学效果。并且，从理论学习向实践操作转化需要经过一个比较漫长的过程，这就降低了计算机教学的效率。随着教学改革的推进，虚拟现实技术在教学中的应用有利于帮助学生梳理教学内容，能够将教学内容直观地展现出来，使学生通过视觉、听觉等多重感官对学习的内容进行理解。比如，在教学计算机各元器件的构成时，教师可以利用虚拟现实技术展示，使学生直观认识各元器件的关系、构成位置等。同时，教师还可以对各元器件的组装过程进行展示，提高学生对计算机理论内容的理解和掌握程度。

4.1.2.2 计算机教学中虚拟现实技术的改革

计算机教学的实践性非常强，因此，高校计算机教学对学生的实践能力要求比较高，注重实践教学工作的开展。但是，在传统计算机教学中，对一些无法动手操作的实践课程，教师只能用一台机器进行演示，学生只能观察，或者将实践内容直接删除，这都不利于学生实践能力的提升。但是虚拟现实技术的出现使得计算机实践教学模式得到了改革，所有实际操作内容都可以通过虚拟现实技术进行操作。比如，在小型局域网以及交换机路由器的组件和配置方面的实践教学中，一台真实的实验设备价格比较高，难以做到人手一台，学校还需要根据软件和操作系统不断更新、设置参数，并且学生的技术水平不足，极容易导致机器出现故障，针对这部分教学实践，大部分学校都无力承担教学费用。但是虚拟现实技术的应用改变了这一现状，学生在计算机上登录实验账号和密码就可以进行虚拟现实操作，模拟实践组装方式，直接展示学生的操作成果。为了激发学生的实验兴趣，教师还可以在平台上构建游戏模式，让学生进行组装比赛，这样既提升了学生的专业能力和素养，又实现了教学资源的优化配置。此外，通过虚拟现实技术对计算机教学进行改革，能对机房的真实环境进行模拟，学生在虚拟操作过程中出现代码输入错误或者其他错误时，只需要消除模板即可，然后重新操作设计，不会对计算机软件或系统造成破坏，这就有效降低了实验操作的成本，提升了实验教学的效率。

综上所述，计算机是一门实践性非常强的学科，对学生的实践操作能力要求高，但是在实际教学过程中由于教学内容抽象、实践教学设备成本高等因素，教学活动的开展出现很多问题。总体来说，通过虚拟现实技术的应用，有利于为学生营造真实的学习环境，提升学生的学习效率和计算机操作能力，为教学改革和创新奠定基础。

4.2 虚拟现实技术与装饰构造教学

随着计算机技术在高等教育领域的广泛应用，环境设计专业教学中使用计算机教学的课程也越来越多。在装饰构造课程的教学过程中，运用计算机技术能有效提高教学效果，节约教学成本，并保证教学过程中学生的人身安全。虚拟现实技术的应用，能极大地提高学生的装饰构造实践程度，实现装饰构造课程的教学改革。下面结合相关案例对虚拟现实技术在装饰构造教学中的应用进行研究，并对虚拟现实技术实际应用进行说明。

4.2.1 装饰构造课程

装饰构造课程是环境设计专业的一门主要课程，该课程主要内容是相关装饰面的材料组成、构造方式和施工做法，属于实践性课程。该课程在将室内设计方案转化成施工图的过程中起到了非常重要的作用。提升学生对装饰构造的实践认知程度和构造设计的动手能力，是装饰构造课程的教学重点和难点。怎样克服学生在学习该课程时遇到的困难,提高学生对装饰构造设计的动手实践能力,是课程教学改革中不断研究和探索的方向。通过改革教学手段和教学方法,例如,利用多媒体或者网络进行教学,将先进的计算机技术与教学内容相结合,进行多元、多维的一体化教学等,是教师在当前实际教学中思考较多的问题。多媒体动画、动态网络、实时互动等技术的发展使得教师在实验室教学中运用虚拟现实技术成为可能。作为多媒体技术和动画、视频等网络技术的综合信息技术集成体,虚拟现实技术在教学活动中的应用是对当下装饰构造课程教学模式的改革,同时也给计算机技术在装饰构造教学中的应用带来了新思路。

4.2.2 虚拟现实技术在装饰构造教学中的应用

目前,装饰构造课程教学中使用的多媒体教学手段主要是文字、图片、动画等,以帮助学生在有限的课堂教学时间内快速而高效地理解相关知识内容,达到教学目的。这种教学方法给学生带来的实践感较低,学生的参与度则更低,课堂教学效果的持久性不明显。为了保证学生学习效果的持久性和教学内容的实践性,应该让学生主动地参与到课堂教学中来,摆脱被动式学习。这也是高等院校教学改革的主要方向,即提高学生学习的主动性和参与性。虚拟现实技术的三个基本特性,能够将以上设想变成现实。教师在讲授装饰构造的相关饰面构造时,可利用装饰构造实验室中的虚拟现实技术,将装饰构造的虚拟环境呈现出来,使相关装饰部位的构造组成、施工工艺和方法等生动具体地展现在学生面前,学生也可以通过虚拟现实操作将自己变成实践者,深入、反复地理解装饰构造的相关内容。学生对这种教学方式具有较强的探究意识，可以在很大程度上调动学生的学习热情，从而提高学生学习的主动性，保证课堂的教学效果。这是传统多媒体教学不能实现的，虚拟现实技术在装饰构造教学中的应用具有独特的授课优势。

在授课中利用虚拟现实技术可以打破时间和空间的限制，对装饰构造节点进行多层次、全方位、多视角的演示和描述，将传统教学中难以讲述到的宏观和微观的内容进行细化教学，也可以让学生多次进行体验。这可以使原本枯燥的理论内容变得具体、清晰，空间立体感不强的学生也能很快理解和掌握相关知识，使教学内容变成看得到、摸得着、可以反复构建的实体。学生看到的是具有高度仿真效果的、感性的学习素材，在遇到难点问题时，可以通过反复体验来消化知识点。在装饰构造教学中，通过虚拟现实技术，教师和学生可以在模拟的真实场景中对环境的各个构造和节点加以分解和组装，最终掌握各类装饰面的构造特点和细节。例如，轻钢龙骨吊顶构造的种类繁多且细节复杂，学生在实际的学习中见不到实物，教师难以用语言进行表达，而传统图片的立体感差。采用虚拟现实技术，学生不仅可以直观地观察到虚拟环境中的各种轻钢龙骨吊顶造型、材料组成、节点细节、施工工艺等，而且还能亲身体验轻钢龙骨吊顶构造的最终效果。虚拟现实技术使得原本晦涩难懂、无法想象的理论知识变得更具体，学生学习的氛围变得更轻松，对轻钢龙骨吊顶装饰构造的重点和难点的掌握也变得更加迅速。

虚拟现实技术在装饰构造教学中的应用，将装饰构造的学习与实践结合起来，不仅能够节省大量的人力、物力和财力等，还能消除学生在施工现场观摩时的诸多危险因素。以往教师为了增加学生对装饰构造某些节点的理解，常采用在施工场所观摩的教学手段，这种教学方式的教学效果固然较好，但是教师在完成教学任务的同时还要兼顾学生的人身安全，教学压力非常大。有时为了保证学生的人身安全，不得不取消施工现场观摩的教学环节。学生不能在施工现场亲身观摩装饰构造细节，也就很难形成对装饰构造实体的全面感知，对装饰构造的具体组成、构造手段等不能完全理解，最后一知半解地完成了相关内容的学习。利用虚拟现实技术，可以从根本上改变这种尴尬的局面。虚拟现实技术应用到装饰构造教学中，可以让学生在教师的指导下完成对装饰构造节点的认知和操作，以及相关的模拟施工活动。从另一方面来讲，虚拟现实技术也解决了传统教学模式下的实验场地面积不足，装饰材料的实验购置成本过高，学生进行装饰构造施工现场观摩时的安全等问题。

将虚拟现实技术应用到装饰构造教学中，对于设计者而言，涉及的知识面较广，科技含量较高，必须将制图、材料、构造和饰面的施工工艺与计算机技术紧密结合。将虚拟现实技术应用到装饰构造教学中，重点应放在构造的设计方面，并合理安排装饰构造实践课程的教学时间、实践场地和教学设备等。虚拟设计是将虚拟现实技术应用到装饰构造教学中的首要条件。通过计算机技术构建各类虚拟的装饰构造形式，在计算机中建立强大的虚拟材料库、模型库、场景库等，将以上信息进行整合，建立便捷的人机互换模式，方便师生根据不同的教学需求进行不同场景、不同材料、不同构造的相关操作。

学生在传统的教学模式下很难有亲手实践的操作机会，只是通过观看音像教学资料来实现学习目标，无法保证教学效果。在这种情况下，利用虚拟现实技术可以帮助教师打开教学思路，取得更好的教学效果。将虚拟现实技术应用到装饰构造教学中，具有环境整洁、空间占用面积较低、实践内容全面丰富等特点，构造的模型库里包含了各种常见的地面装饰构造、墙柱面装饰构造、顶面装饰构造以及其他部位的装饰构造。将虚拟现实技术与装饰构造教学相结合，师生对装饰构造的可操作性更强，能从基层（如墙体、楼板等）开始直到最终的装饰面完成，详尽地了解装饰构造的所有细节。教师运用虚拟现实技术创建装饰构造信息库时，不需要过多地考虑学生实践时对场地的要求，可以借助传感器等设备，让学生产生身临其境之感。通过对不同装饰面构造过程的观察和实践，学生能够获得与现实施工现场相同的观摩体验，进而提高自己对装饰构造教学内容的理解程度。

用虚拟现实技术将施工现场的构造节点、施工工序、构造方法等带到实验室的虚拟场景中，展示装饰饰面各层材料之间如何衔接、如何安装固定等画面，学生不需要用真实的装饰材料进行操作，就能看到装饰材料与装饰工艺在施工现场的实施情况。从这一点来说，虚拟现实技术不仅让学生参与了教学过程，也节省了购置实验装饰材料的费用，让学生在虚拟的空间环境中大胆地运用虚拟装饰材料进行实践操作，获得大量的实践机会，极大地提高了课程的教学效果。例如，在软包墙面的构造学习中，学生对虚拟的软包面层材料进行丈量、裁剪后，将虚拟的龙骨骨架安装在经过防潮处理的虚拟墙面上，做好虚拟基层板的固定后，做软包衬底，再将裁好的虚拟软包面层用各种方法固定在衬底材料上，最后完成软包饰面的接缝和收边处理工序。在整个流程中，学生几乎就是在施工现场亲手做了一遍，从而加深了对软包构造的细节和施工工艺的认识。本来应该用真实的装饰材料加以训练的教学内容，通过虚拟现实技术即可实现。在装饰材料的应用上，如果操作者出现失误或者计量错误，也不需要重新购置装饰材料，这就是虚拟现实技术的优势。将虚拟现实技术与装饰构造教学相结合，可以让学生在虚拟场景中进行学习、理解、记忆、操作，让学生在得到真实体验的同时，不会由于误操作而产生资源浪费或安全事故，同时，在虚拟的施工现场反复操练，有利于加强学生对学习内容的理解，增强学习效果。

4.3　虚拟现实技术与高校体育教学

虚拟现实技术在当前高校体育教学中的应用还处于起步阶段，高校通过应用虚拟现实技术，可以更好地展现体育教学内容，营造富有趣味的教学环境。这不仅能提高学生的学习积极性，还能使学生高效率地掌握专业技能知识，提高高校体育教学的质量。

4.3.1　虚拟现实技术在高校体育教学中的应用背景

虚拟现实技术突破传统仿真技术不能对人的感官进行模拟的缺陷，实现了人体与计算机设备的交互，其主要依靠五大基础构成模块，分别是检测、反馈、传感器、控制、3D 建模。通过检测和反馈模块检测体验者的指令信息是否得以构建，再通过传感器模块和控制模块实现指令的传递与控制，最终将现实世界和虚拟环境进行连接，以此达到 3D 建模模块的有效生成和运用。虚拟现实技术具有三大特点，即沉浸性、交互性和感知共享性。这是因为虚拟现实技术是通过对人体五感的特征进行仔细分析，建立与现实世界 1∶1 的 3D 模型，达到与现实世界等效的视觉、听觉、触觉和动觉的体感，并且突破了传统意义上的计算机控制交互行为，利用传感设备进行虚拟交互，使操作更加方便。

　　虚拟现实技术和高校体育教学结合是非常有必要的。虚拟现实技术是对计算机人工智能技术的深化，将虚拟现实技术运用到高校体育教学中，是对高校体育教学模式的一种全新探索，它改变了传统面授的教学方式，提升了学生学习的主动性。教师通过对虚拟现实技术的构建，带领学生进入不同体感的体育教学环境中，激发学生的参与积极性与兴趣，促进高校体育教学的顺利实施。通过应用虚拟现实技术，高校体育教学可以大大缩短训练的时间，这样不仅可以达到真实、直观的教学效果，还能不断激发学生的自学意识，从而促进高校体育教学的顺利实施，传统高校体育教学中关于教学设备经费的投入也可以相应地减少。在高校体育教学中，有许多对抗竞技的项目，在现实中的训练往往会因为操作不当引发一些教学事故，导致学校在开设体育项目时剔除了这类项目，而虚拟现实技术的应用，可以有效避免实际操作中可能带来的损伤，使学生在安全的环境中进行有效的训练。针对一些对教学设备、场地等有较高要求的体育项目，虚拟现实技术也可以更好地进行模拟，这些不仅弥补了现实高校体育教学中客观条件的不足，还能实现人性化教学环境的创建。虚拟现实技术不仅能突破时间和空间的界限，还能改善高校体育教学环境。高校体育教学中的虚拟现实技术的应用，可以使高校体育教学的教学模式发生巨大改变，由传统的课程教学转变为学生主动参与教学，将现代化的高科技教学理念引入课堂，使学生学习的内在需求得到满足，促进学生创新思维的发展。虚拟现实技术应用于高校体育教学还可以使一些无法进入课堂的高端设备和场地在虚拟环境教学中得到应用，让学生切实体会学习的乐趣。优化体育教学的内容，从而完成教学任务，提高教学效率，达到现代化高校体育教学改革的目的。

4.3.2 虚拟现实技术在高校体育教学中的应用策略

虚拟现实技术在高校体育教学中的应用主要涉及校园环境模拟、体育课堂模拟、实际教学环境模拟和交互课件设计。校园环境模拟是通过数码相机对校园环境进行图像捕捉，使上传后的校园素材逼真化，或呈现立体的效果，从而使参与的学生产生强烈的真实感；体育课堂模拟是对体育课堂教学时间和空间进行拓展，建立较为真实的虚拟培训环境，运用丰富的交互式教学方法，轻松实现高校体育教学；实际教学环境模拟需要输入体育教学的相关设施等数据，将其真实地展现，以此达到减少高校相关教学经费的目的；交互课件设计主要是为了实现课堂交互性，利用相关技术实现学习资源的共享，达到有效学习的目的。

虚拟现实技术在高校体育教学中的应用将带来革命性的变革，它是对传统教学模式的颠覆，促进传统的单一的教学模式向多元化、专业化的教学模式转变，使单项体育教学更具深度和广度。

在健美操项目的教学中，虚拟现实技术可为学生和教师提供一个虚拟的健美操场馆，并为学生提供真人化的教学示范，学生可以个性化地选择适合自己的教学示范，并使用具象化描述的方式与教师进行沟通，完成动作规范化学习。在排球、篮球等球类项目的体育教学中，需要教师详细地解说动作分解的要点，而学生可以利用虚拟现实技术在教师解说要点的过程中进行跟随学习，并通过相关技术感受标准化的发球力度、幅度和动作的顺序，以此进行自我感知学习，同时交互式的虚拟现实技术，还能将单个的学生进行网络连接，组成小组模式。学校仅仅需要提供虚拟现实技术的设备环境就可以实现"实际化"的组织教学。在跳水项目的体育教学中，教师可通过虚拟现实技术对跳水运动员的标准跳水动作进行展示，包括对跳水运动员在空中的各种动作的角度进行标记，利用计算机后台进行各种角度数据的分析和标准数据的标记，使学生从细节上进行对比分析，从而了解自身在实际跳水运动中的动作缺点，并通过不断地训练进行自我学习和纠正。虚拟现实技术应用于高校体育教学不仅能帮助学生实现个性化的学习，还能因地制宜、因材施教，实现创新化、差异化的人才培养。

高校体育教学在当前的高校教育中面临着改革的困境，在实际教学中需要学生熟练地掌握运动技能和运动战术，这就需要不断地进行实际训练，但现实中往往难以达到体育教学效果。将虚拟现实技术融入高校体育教学中，是高校体育教学改革的方向之一。利用虚拟现实技术，高校能实现对体育教学空间和时间的有效利用，增强学生的学习积极性和主动性，从而达到体育教学的目的。虽然，高校当前对虚拟现实技术的应用还处于初级阶段，因相关客观条件的制约无法广泛应用和推广，但从长远意义上考量，这将是未来高校体育教学改革中不可忽视的改革方向之一。 虚拟现实技术在体育教学中的应用不仅能促进高校体育教学质量的提高，还能促进未来高校体育教学的健康发展。

4.3.3 虚拟现实技术在高校体育训练中的创新应用

4.3.3.1 设计体育训练仿真系统，构建标准体育技术动作

一般而言，高校体育训练需要大量的训练时间练习技术动作，并在体育

训练中尽可能地把体育动作做得更加标准。当前，越来越多的高校已经意识到了虚拟现实技术的重要性，并不断地建构有关高校体育训练的仿真系统，以便更全面地分析体育训练的全部内容，并对学生技术动作中存在的问题加以分析，在仿真系统中为学生制订更加规范与科学的体育训练计划，使学生加强训练，进而提升体育训练的整体效果。因此，高校体育教师需要了解并掌握虚拟现实技术的相关知识及使用方法，并结合学生的体育学习现状，因材施教。更重要的是，高校体育教师还可以在体育训练仿真系统中添加一些标准化的体育动作，在计算机的帮助下分解动作。这时候，学生不仅可以更加深刻地认识到自身的训练动作是否标准，也可以在体育训练仿真系统中和同学、老师及时交流，增强体育训练效果。教师通过将仿真系统中构建的科学标准的体育动作和实际体育训练中的动作进行对比，就能找出学生体育训练中的动作和标准体育动作的差异，并依据标准动作不断地帮助学生改正体育训练的动作，在最短的时间内达到标准水平。

4.3.3.2 构建虚拟化体育训练环境，营造良好的体育训练氛围

要实现虚拟现实技术在高校体育训练中的创新应用，应积极地构建虚拟化体育训练环境，营造良好的体育训练氛围。由于虚拟现实技术主要是构建虚拟环境，学生在这样虚拟的环境中进行体育训练，不仅能增加体育训练的趣味性与积极性，也能以更加饱满的热情专注于体育训练。这时，高校体育教师就要依据学生感兴趣的不同环境，借助于虚拟现实技术构建超现实的体育训练环境，引导学生以最快的速度适应新的训练环境，以便提升学生的体育训练水平。当然，教师还可以在虚拟实训环境中，增加一些体育赛前的集训，并要求全班同学都在体育训练仿真系统中积极地参加体育比赛，并奖励每周排名前三的同学。在各种奖励下，学生的体育训练热情就会日渐高涨，

并能在竞技体育的氛围中感受体育训练的真正意义，也能在体育竞争中提升自己的体育水平。

4.3.3.3 突破时间、空间限制，实现高校体育的异地互动训练

虚拟现实技术在高校体育训练中的应用，突破了时间和空间的限制，实现了高校体育的异地互动训练。由于虚拟现实技术具有交互性的特点，因此它能实现高校体育的异地交互训练。部分高校的体育竞技科目训练不仅缺乏典型的体育训练项目，也缺乏一些先进的体育训练项目，部分对这些体育项目非常感兴趣的学生也无法进行相应的体育训练。但是，在虚拟现实技术的帮助下，在体育训练仿真系统中，学生可以选择任一体育项目进行训练，并在该系统下学习其他高校的体育课程，这就在很大程度上丰富了学生的体育训练项目，也有助于提升学生的体育水平，培养学生的体育精神。

综上所述，虚拟现实技术在高校体育教学中的应用，打破了传统体育的训练模式，使学生从被动训练转变为主动训练。因此，高校应充分运用虚拟现实技术的优势，结合高校体育训练现状，为学生设计体育训练仿真系统，在系统中构建标准化的体育训练动作，并构建虚拟化的体育训练场景，营造体育训练的氛围，丰富体育训练的项目，尽可能地实现高校体育的异地互动训练。这样才能从根本上提升高校体育训练的效果，培养学生的体育精神，提高学生的体育水平，进而推动高校体育教学的可持续发展。

4.4 虚拟现实技术与现代医学教育

4.4.1 虚拟现实技术在医学领域的应用

生命健康是全世界关注的焦点，几乎每一种新技术都会被应用到医学领域，所以虚拟现实技术也自然而然地被应用到了医学的研究中。

虚拟现实技术在医学领域的应用主要有虚拟手术、数字医院、实训模拟演示、实训教学演示、医院虚拟仿真系统、虚拟医学仿真系统、医学手术仿真训练等。使用虚拟现实技术来模拟、指导医学手术所涉及的各种过程，在时间段上包括术前、术中、术后三个阶段，在实现的目的上包括手术计划的制订、手术排练演习、手术教学、手术技能训练等。

4.4.2 虚拟现实技术在医学教育中的应用

在医学教育中广泛、合理地运用虚拟现实实验教学手段，特别是实施仿真实践教学，对学生巩固医学基础理论、掌握基本操作技能、提高独立操作能力、提高分析问题和解决问题的能力至关重要，医疗手术虚拟培训系统是最受欢迎的一种学习培训方式。数字图像是利用各种医学影像数据和虚拟现实技术在计算机中建立一个模拟环境，医生借助虚拟环境中的信息进行手术计划、训练，以及在实际手术过程中引导手术的新兴医疗方式。

使用虚拟现实技术指导医学手术，进行康复治疗，能实现虚拟现实技医学应用的合理化。学生在进行手术的过程中可以通过模拟手术系统进行预习，可以减少因失误而造成动物和标本的浪费问题。学生在学习过程中，心脏听诊是难点，虚拟现实系统能够让学生直接看到心脏结构，让学生通过三维方式观看心脏状态。

虚拟环境可以建立虚拟人体模型，借助跟踪球和感觉手套，学生可以较容易了解人体内部器官结构。虚拟环境包括虚拟手术台、虚拟人体模型，学生可以借助感受手套，对虚拟人体模型进行手术。学生也可以在虚拟实验室内部进行解剖手术练习，通过这种方式进行医学培训，同样也会取得很好的效果。

4.5 虚拟现实教育生态体系的构建与发展

教育生态学以生态学的理论观剖析各类教育资源及其相关因素在教育中的作用和影响。虚拟现实技术作为一种新兴的媒体技术，已成为影响整个教育生态体系不可或缺的因素之一。下面尝试借助教育生态学理论剖析虚拟现实教育所处的生态环境，挖掘其"内在生态"与"外在生态"之间的关系，试图构建一套有效的、系统的和可持续发展的虚拟现实技术新媒体教育生态体系。

2016 年被国内外学者誉为"虚拟现实技术元年"，此后关于"VR＋"的研究势不可挡，已经成为如今备受瞩目的前沿科技之一，其中"VR＋教育"

更是为我国教育工作带来了新的机遇。然而，看似繁荣的虚拟现实技术热潮背后却隐藏着虚拟现实技术人才匮乏的问题，这将直接制约整个虚拟现实产业和虚拟现实教育的快速发展。虚拟现实技术的发展、市场规模的扩大和制作成本的降低，使虚拟现实技术产业具备了巨大的潜力，有望成为下一个引领市场的产业。对于传统行业来说，与虚拟现实技术结合，并更新商业模式是产业转型的最佳方式。如今已有不少影视、游戏、网购、实况直播等行业开始通过虚拟现实技术进行转型。传统行业的虚拟现实技术转型，在扩大虚拟现实技术产业链的"蛋糕"的同时也导致了虚拟现实技术产业人才的缺口进一步扩大。

教育生态学理论具有独立的研究对象，分别是"关系论"和"系统论"。前者探讨教育与整体生态环境之间的相互关系，后者探讨教育生态系统的结构和功能及其演化规律。在新媒体环境下，教育生态学的相关理论可为构建良好的虚拟现实技术教育生态体系提供一定的理论支持，从而整合政府、企业、高校及社会等多方资源，在构建虚拟现实技术"内在教育生态体系"的同时发展其"外在教育生态体系"。其中"虚拟现实技术内在教育生态体系"的主要任务是培养符合虚拟现实技术产业链所需求的高层次、创新型和复合型人才，"虚拟现实技术外在教育生态体系"旨在通过"VR＋教育"的教学形式进行各类教学活动，为当前我国面临的教育问题带来更多的解决方案和措施。两者相辅相成，共同构成一套有效的、系统的和可持续发展的虚拟现实技术教育生态体系。

4.5.1 虚拟现实教育研究概述

20 世纪末，国外已有学者开始研究虚拟现实教育，其研究内容主要包括职业培训教育、理论和实践教学、儿童教育和艺术教育等方面。哈尔森·桑德拉、安妮·罗素等学者从虚拟现实技术概念和虚拟现实技术两方面探讨虚拟现实技术对教育的影响。李维斯·彼得指出虚拟现实技术是未来教育的重要手段之一，教育工作者应紧随这一新技术，并将其应用到具体的教学环节中。其他学者也纷纷从各种角度论述虚拟现实技术在未来教育中的种种可能，强调虚拟现实技术将为教育提供一种新的教学环境，这可能会改变多个领域的教学方法，如建筑、医学、计算机图形等。进入 21 世纪后，虚拟现实教育研究者仍然不懈地挖掘虚拟现实技术在各类教学领域的应用潜力，同时逐步转向如何通过虚拟现实技术和各类虚拟现实技术应用有效地完善教育体系。

我国学者对虚拟现实教育的研究基本与国际学者同步。部分学者于 20 世纪末就开始接触虚拟现实教育的研究，其研究范畴主要包括 CAI、远程教学和企业培训教育等方面。部分学者指出，在未来的教学过程中，虚拟现实技术可以有效提高教学质量，例如，通过虚拟现实演示实验教学课，直观地向学生展示相关的科学原理及其知识点；在教学管理中，通过虚拟现实技术辅助教师对教学过程、教学目标进行管理和监控等。进入 21 世纪后，我国学者对虚拟现实教育的研究内容和成果开始逐步丰富，以"VR 教育"为主题词的学术论文近年来发文量呈直线上升趋势，这表明虚拟现实教育在我国教育界受到了更多关注，呈良好的发展趋势，这为我国学者的后续研究提供了一定的理论基础。但通过教育生态学理论对虚拟现实教育进行系统性剖析的研究屈指可数。

虚拟现实教育作为整体教育生态体系中的一部分，即"个体教育"，从教育生态学来宏观剖析虚拟现实教育，是有利于虚拟现实个体教育的有序发展的。正如英国学者埃格尔斯顿在其专著《学校生态学》中提出的那样，教育生态研究应分别研究整体教育与个体教育资源的分布情况及各类教育生态因子之间的关系。我国的吴鼎福等学者同样认为，教育生态体系是由教育所处的物质环境、精神环境和心理环境三方面构成，通过个人与整体环境间的能量流动和信息传递等方面相互影响、相互作用。因此，无论是以教学生态学中的"关系论"还是"系统论"为出发点去研究虚拟现实教育生态体系，都须从虚拟现实技术人才培养的实际需求及其本质出发去认识和剖析。

4.5.2 系统论：虚拟现实技术内在教育生态体系的构建

当前虚拟现实技术产业主要集中于虚拟现实技术设备、虚拟现实内容的开发和各类虚拟现实技术服务平台的建设等三大方面。其中以虚拟现实技术平台为枢纽，驱动虚拟现实技术硬件和内容的协同发展，在虚拟现实技术产业链上已初步形成一套良性发展的生态链。然而，与之相对应的虚拟现实教育却相对滞后，相关人才匮乏，致使虚拟现实技术产业缺乏后续发展的动力。教育生态具有平衡和失衡、相互竞争和协同发展的基本演变规律，具有开放性、目的性、有序性、整体性和稳定性等特征。上述传统行业向虚拟现实技术产业转型导致的人才匮乏问题反映了虚拟现实教育生态上的失衡。因此，建构虚拟现实教育生态系统要实现教育与产业的协同发展。

高校应承担相应的社会职责，根据市场需求制定相应的人才培养方案，构建高校内在虚拟现实教育生态体系，以期培养出适应市场需求的多层次、复合型人才。教育生态学理论中的"系统论"观点认为，组成教育生态系统的各个组成部分是相互影响、相互依存的，不能分割也不能单独考虑单一方面或某几个方面，应从整体上进行综合考量。

因此虚拟现实技术内在教育生态体系的建构，首先应以虚拟现实技术产业链整体为出发点，分析虚拟现实技术产业链中岗位的设置和人才需求。整合虚拟现实技术硬件、内容和平台这三个相对独立又相互依存的主体内容，构建"硬件搭台""平台服务"和"内容唱戏"的虚拟现实技术内在教育生态系统。其次，以高校为主导，整合与这三者相关的学科并组建虚拟现实技术学科群，促使高校内部各类相关专业形成整体和局部关联、动态平衡、协同发展的局面。具体分析如下：

4.5.2.1 虚拟现实技术硬件学科群的建设

虚拟现实技术行业涉及的人才主要集中于机械类和材料类两个学科领域的诸多专业中。其中机械类虚拟现实技术人才培养可从工业设计、模具开发与设计、机械工程、机械制造与自动化和人机工程学等专业中提取与之相关的主轴课程进行配置。材料类则可从材料成型及控制工程、材料化学、无机非金属材料工程、高分子材料与工程和复合材料与工程等专业中提炼与之相关的核心课程。二者共同发力，共建虚拟现实技术硬件设计与开发的学科群，可为虚拟现实技术硬件开发人才的培养和储备营造一个良好的内在教育生态圈。

4.5.2.2 虚拟现实技术内容学科群的建设

虚拟现实技术内容包括软件开发和丰富多彩的应用设计，其多样性和丰富性的特点为硬件保驾护航，从而进入了"硬件搭台，内容唱戏"的时代。其中，软件开发可针对不同领域开发不同的软件或内容来满足不同行业的应用需求，拓宽虚拟现实技术领域的应用和发展，如虚拟现实技术播放器、虚拟现实技术摄像、虚拟现实技术游戏、虚拟现实技术室内（全景）漫游设计、虚拟现实技术产品装配和各类仿真软件的开发等。所需的人才以计算机科学与技术学科中的软件工程专业人才为主。应用中内容设计所需的人才以设计学（动漫设计、环境艺术设计、工业设计、服装设计、视觉传达设计等专业）、戏剧与影视学（编导、制片、摄影摄像等专业）和计算机科学与技术（数字媒体专业、影视特效、网络多媒体设计、数字游戏设计等专业）三个学科领域的人才为主。该方面的人才不仅要懂得视听语言，也要懂得数字新媒体的制作技术，同时要求其既可独立完成短期媒体内容制作，又必须是艺术与技术兼容的复合型"适用"人才。因此，高校可综合设计、影视与计算机科学三个学科领域，携手共建虚拟现实内容设计人才培养学科群，为虚拟现实技术新媒体人才培养打造第二个内在教育生态圈。

4.5.2.3 虚拟现实技术平台学科群的建设

虚拟现实技术平台包含虚拟现实社区、虚拟现实渠道、虚拟现实商城和虚拟现实孵化器等，其主要功能是为虚拟现实技术内容、应用和硬件的推广和服务创造良好的运行环境，为推动虚拟现实技术产业的发展和普及奠定坚实的基础。如移动端的应用程序"U to VR"支持视频制作、剪辑、在线交互体验，为虚拟现实技术内容的创作与分享提供了一个良好的平台。同时，"VR800""橙子 VR""魔镜 VR"等虚拟现实技术播放器与"百度 VR""优酷 VR""爱奇艺 VR"等老牌影视资源应用一样，都支持全景视频和 3D 电影播放。这些平台内置在线直播和虚拟互动游戏等资源供用户体验。虚拟现实技术服务平台主要依托互联网，其平台运营所需求的人才主要是平台构架师、平台开发工程师、平台测试工程师、平台运营总监、平台商务合作推广专员等，所涉及专业人才包含产业管理、经济管理、项目管理等管理类人才，同时还需要计算机编程、信息技术等人才。通过虚拟现实技术平台的建设，可以实现虚拟现实技术内容和应用的推广和销售，最终达到资本回流的目的，从而实现从"人才培养"到"项目制作"，再到"运营销售"，最终回流"人才培养"的良性循环。由此可见，高校可联合信息与通信技术、计算机科学与技术和管理学三大学科，联手打造第三个虚拟现实技术人才培养的内在教育生态圈。

上述三个虚拟现实技术内在教育生态圈分别是虚拟现实整体教育生态体系中的一环，三者环环相扣、相互依存、相互影响。正如教育生态学"系统论"观点所述，单个学科群的教育生态圈无法形成一套完善的虚拟现实技术内在教育生态体系。需从整体出发，以虚拟现实技术产业链的人才需求为轴心，将三个学科群紧密地联系在一起，三者相辅相成，共同打造一套可持续发展的"VR 内在教育生态体系"。

4.5.3 关系论：虚拟现实技术外在教育生态体系的构建与发展

当前"互联网＋教育"已实现线上到线下（Online to Offline，O2O）的授课模式，并已在全球范围内构建 O2O 模式的"互联网＋教育"生态系统，实现教育资源互享，推动传统教育的多元化发展。因此，在此模式的基础上，可进一步发展"VR＋教育"的智慧学习模式，为虚拟现实技术"外在教育生态体系"的发展提供良好的社会环境。虚拟现实教育并不局限于学校虚拟现实技术人才培养这一内在教育生态体系的建设，还应从其与周围生态环境之间的相互作用和机理剖析虚拟现实技术的外在教育生态体系。我们在探讨虚拟现实技术在学校内在教育生态体系与外部环境要素进行物质与能量交换的同时，还要分析学校教育生态与外在社会可持续发展的关系，以促进虚拟现实技术内在教育生态体系与外在生态体系的和谐发展。

近年来，西方学者从不同角度开展教育生态学研究，认为教育生态与自然生态一样，存在等级差异的现象，不同等级之间运行机制不同，但却存在着一定的关联。在虚拟现实教育中，社会、政府、高校和企业等教育因子的等级高低不一，彼此之间既独立运行又具有一定的关联性。社会因子营造了虚拟现实教育大环境，政府部门和企业、事业单位等因子在虚拟现实教育生态体系中扮演着重要角色，可以通过政府扶持、企业牵头，带动高校，共同营造"产、教、学、研、创"的"VR＋教育"型的外在生态体系。可见，不同的教育因子在虚拟现实技术外在教育生态体系中起着不同的作用。我国应统筹各类虚拟现实教育资源或生态因子，才能构建一套健康有序的虚拟现实技术外在教育生态系统。具体分析如下。

4.5.3.1 社会因子的反哺作用

教育的最终目的是培养出优秀的复合型人才，为社会生产服务，同时社会的各类资源可反哺于教育的建设和发展，二者呈螺旋式上升的发展趋势。在"VR＋教育"的外在教育生态体系中，精良的虚拟现实技术设备、丰富的虚拟现实技术内容以及完善的虚拟现实技术平台，为社会各类职业教育、中小学教育、远程教育等提供了良好的服务。北京大学教育技术学院尚俊杰指出："VR 进入教学，结合游戏化学习、情景化学习、协作学习、在线教育等多种手段，能有效地解决许多以前根本无法解决的教育问题，激发学生主动学习的兴趣。"通过虚拟现实技术使学习者进入虚拟空间进行情景式、交互式、沉浸式学习，授课教师、教室、实验活动、学生和教学资源等构成教育生态体系的关键要素都可在虚拟环境中进行模拟仿真，并进行教与学的活动，这就可大幅度减少我国不同地区的教育资源的差异。在中小学教育过程中，各门课程的案例都可通过虚拟现实技术进行仿真演示，可以进行模拟自然的物理现象、生物的生理现象、化学反应现象以及其他内容的仿真演示，通过趣味性的学习方式，普及学生的科普知识，提高中小学的教育质量。在此，社会因子与虚拟现实教育之间的等级关系由上下级的包含关系转换为了对等的平行关系，即促进与反哺的对等关系。

4.5.3.2 政府因子的催化作用

为构建具有中国特色并与世界先进技术接轨的现代化教育，我国相继推出各项政策和指导方针。党的十八大以来，我国的教育改革在教育共享发展、教育内涵发展、教育协同发展、教育创新发展和教育开放发展五大方面取得了卓越的成效。2017 年，党的十九大召开，我国的教育改革方针指向学前教育、义务教育、基础教育装备与信息化建设等方面，促使我国教育改革进入"全面施工、内部装修"的阶段。可见在宏观层面上，教育的发展与我国教育改革及其政策等宏观思想息息相关，微观上也离不开政府各职能部门的协调与推动。因此，虚拟现实技术外在教育生态体系的建设应牢牢把握这一历史机遇，通过政府因子的催化，聚焦教育需求和市场，在等待设备进化和成熟的同时，加大对虚拟现实教育的投入，培育出符合市场需求的高层次人才，设计出优秀、富有创意和体验感的内容。只有如此，才能更有效地激发学生的学习兴趣，培养学生的创新意识，激发学生的想象力，实现寓教于乐的教学目的。

4.5.3.3 企业因子的强化作用

企业因子在虚拟现实教育生态体系中充当着多维度的角色转换工作：一是扮演着虚拟现实技术产业链快速发展的重要执行者角色；二是虚拟现实技术人才接收者，接收大量优秀的虚拟现实技术人才从事虚拟现实技术研发工作；三是培养虚拟现实技术高端人才的培育者，促进虚拟现实技术人才的快速成长；四是社会教育责任的承载者，通过搭建虚拟现实技术平台、研发虚拟现实技术设备和内容，促进社会各类职业培训和远程教育等的良性发展，在虚拟现实技术教育生态体系中起到培育虚拟现实技术人才和推进虚拟现实技术产业快速发展的作用。

伴随着虚拟现实技术产业链的高速发展和完善，产业市场经济将推动虚拟现实技术人才的培养，从而实现自我调节。这具体表现在虚拟现实技术产业链驱动产业人才的培养、虚拟现实技术内容和应用驱动产业人才的培养和虚拟现实技术服务平台的建设驱动相应人才的培养三个方面。如上文所述，面临虚拟现实技术产业的蜕变和发展，虚拟现实教育应以其产业链的需求为出发点，整合相应学科的优质资源，共建虚拟现实技术内在生态体系，促进创新型、高层次人才的培养和发展。研发出优质的虚拟现实技术硬件、内容和服务，进一步加强虚拟现实技术外在教育体系平台的建设，增强虚拟现实技术硬件的交互性、体验感和沉浸感，加快各类虚拟现实教育设备研发的步伐，加快各类虚拟现实教育内容资源的设计，从而形成"内在教育生态体系"推动"外在教育生态体系"的局面，构建一个循环的、可持续发展的虚拟现实教育生态体系。研究表明，我国高校作为虚拟现实技术内在教育生态体系的主体，应紧跟虚拟现实技术的发展轨迹和速度，构建合理的虚拟现实技术课程体系，制定合理的人才培养方案，以期培养出符合虚拟现实技术产业需求的优秀人才。

4.6 虚拟现实技术在英语专业中的应用

为了让学生摆脱原来应试教育的"试卷评测"体系，应建立一套能真正帮助学生开口说英语，真实反映学生英语应用能力的学习系统。场景化沉浸式英语教学平台借助虚拟现实技术，可以辅助英语教师进行课程教学，利用虚拟现实技术的沉浸式、交互性等特点，采用一对一的教学模式，能全方位解决学生学英语"枯燥、害羞、开口难"等问题，让学生快乐地完成从"0"到"1"的学习过程，使学生通过虚拟课件建立起对英语的"信、趣"（自信与兴趣），提高教师的课程教学效果。

以酒店英语为例，酒店英语是一门酒店管理专业学生必修的专业核心课程。但凡进入五星级酒店实习、就业的学生，酒店英语的熟练程度与从业后职务晋升的速度成正比，并且酒店英语的熟练程度是酒店前厅、餐饮、房务等一线主要部门晋升主管及以上职务的重要考核指标。

虚拟现实技术酒店英语教学系统以打造情境对话为核心，以酒店工作环境为内容。其核心是打造学习情境化，形成足以完全沉浸学习的仿真效果，并最大限度地发挥虚拟现实技术的特性，充分体现出用虚拟现实技术形式进行教学的不可替代的优势。

逼真的虚拟现实环境提供了与真实环境一样的感受，交互设计符合人体自然运动规律。除此之外，虚拟现实技术酒店英语教学系统还有如下优点：

（1）不消耗现实资源和能量，零风险、低成本。

（2）多种交互方式相结合，增强了虚拟操作训练的效果。

（3）加深人们对生产过程和制造系统的认识和理解，提升人员的培养速度。

（4）教学模块可实现模块重组更新，扩展性更强。

（5）教师可以远程通过教师机进行多台学生机控制。

（6）教师可通过教师账户进入系统，通过虚拟现实技术在线考试系统测试并分析学生的学习效果。

虚拟现实技术酒店英语教学系统的产品功能主要有以下几个：

4.6.1 情景英语

情景英语可以让学生在逼真的三维虚拟环境中进行英语口语练习，场景有酒店大堂、前台、客房、酒吧、餐厅、工作间等。

4.6.2 单人情景模式

学生以第三人称视角，可以在任意位置观看整段情景英语，并逐句跟读学习所有角色对话。采用单句打分形式，学生读完一句可立即获得评分。

4.6.3 角色扮演

学生可以第一人称视角扮演情景英语中的任意角色，开始实训学习。身临其境的学习体验可以更好地提升学生的学习兴趣。通过学习，学生将掌握并体验到全面完整的酒店英语及业务流程。

4.6.4 多人情景扮演

根据课件提供的剧本，由多位学生同时进入虚拟情境，扮演不同角色，进行英语对话学习。系统将根据学生的英语发音、流畅度、准确性等指标进行实时评分。学生和教师可及时、全面地了解本次学习效果。该应用还支持局域网和广域网的多人互动学习。

4.6.5 自由主题模式

教师启动自由主题模式，随机分组，由学生根据教师的主题进行英语讨论，教师可随时进入任意分组查看学生的学习情况，并给出学习建议。

4.6.6 词汇实训

学生查看英文单词，选择对应物品并跟读，学习各职业的专业词汇，包括发音、拼写，同时系统可实时打分。

4.7 虚拟现实技术在轨道交通专业中的应用

教育部颁发的《关于全面提高高等职业教育教学质量的若干意见》中明确指出，现代化高等职业院校开展的校企合作模式，要将工作重点放在如何对校内生产性实训基地进行建设，以及对相关建设措施进行积极探索等方面。通过在校内积极开发虚拟实验室、虚拟工艺、虚拟车间、虚拟工厂等活动，可以确保在职业院校内部组建一批具有较高水平的校内生产性实训基地。在此过程中，职业院校轨道交通类专业在开展相关教育教学活动中具有的难再现、动不了、看不到等问题，均能通过虚拟现实技术的有效应用得到充分解决。

4.7.1 轨道交通专业实训应用场景

对于轨道交通信号及控制专业，可以通过建立虚拟仿真实训系统，有效实现模拟"认识工作任务"这一目标。根据对轨道交通专业实训教学展开的大量实际调查研究可知，相关应用场景要满足以下几个要求：

第一，相关应用场景具有较高的复杂程度，在进行反复操作、实验实训的过程中具有较高难度。比如，开展调度实训和轨道交通信号设备故障处理实训。

第二，相关应用场景的危险程度较高，并且对实验实训具有较高的安全性要求。比如，开展的接触网作业以及调车作业。

第三，相关应用场景要能经常开展破坏性较高的实验实训。比如，火灾应急演练和事故紧急处理演练。

第四，相关应用场景开展的实验实训需要满足变化周期较长的需求。比如，开展线路施工作业。

第五，相关场地还要开展对运用传统操作方式无法完成或无法轻易完成的实验实训，以及对变化过程无法有效控制的实验实训。比如，开展事故救援等活动。

为了有效满足上述要求，将虚拟现实技术运用到轨道交通实训中，通过对虚拟现实技术相关作用和优势的有效应用，能够使实训教学的课前环节、课中环节、课后环节有效开展，在确保相关教学目标得到有效实现的同时，进一步提高轨道交通专业学生的能力和素养。

4.7.2 轨道交通专业校内实训应用

在对轨道交通专业学生进行校内实训的过程中，为确保最终实训目标得到有效实现，可以将虚拟现实技术运用其中，利用虚拟实训对学生的技能展开规范训练。比如，结合具体教学目标和学生实际学习能力在校内建立完善的轨道交通信号设备模拟训练系统和轨道交通信号设备模拟装置，使学生熟练操作模拟系统，提升自身对轨道交通信号设备的操控能力，及时有效地解决轨道交通信号设备在运行过程中出现的故障问题，甚至可以训练学生在轨道交通信号设备毁坏、故障等非正常状态下采取及时有效措施的能力。

与此同时，结合实际情况将轨道运输运营虚拟教学系统引入具体的教学环节中，并且在对应的训练沙盘上将现场设备、底层逻辑、计算机软件的运行状态和变化过程有效结合并展示出来,从而提供一个具有较高真实性和直观性的实训仿真环境,供学生学习和观摩,从而使学生在此环境下训练相关设备在正常、非正常、调车、单操等情况下的接车和发车操作技能。比如,在轨道交通运营和调度的实践过程中,将轨道交通综合仿真系统运用其中,对各种列车的运行状态以及线路的分布状态进行模拟,不仅能使学生对相关列车的调度规范以及操作规程熟练掌握,而且能进一步增强学生的安全生产意识。

4.7.3 基于虚拟现实技术的轨道交通专业实训基地建设

相关人员在进行轨道交通实训基地的建设过程中需要注意,虚实结合的建设方式不仅要充分结合不同实训项目在专业方案框架下的虚拟形式与真实形式,而且要确保同一个项目内部具有的真实物理设备以及虚拟仿真设备能够得到充分结合,同时还要注意开展的各项实训项目在真实性以及虚拟性充分结合的基础上,发挥互相促进的作用。

这一目标的实现主要从以下几方面入手:

第一,针对校内原有的实训项目,可以通过对虚拟补缺补差技术的有效应用,建立虚拟的图像或场景,对其中由技术问题、场地问题、资金问题导致的无法建设的生产材料、生产设备、生产工艺进行有效补充。

第二,通过对虚拟现实技术的充分应用,确保在开展实训教学的过程中,其形象化功能和直观性功能得到充分发挥。这样不仅能使生产设备和生产工艺的透明度大幅度提高,使生产设备和生产工艺的复杂程度有效简化,而且能促使学生通过对有效空间和时间的利用掌握更多理论知识和实践经验。长此以往,不仅能使学生掌握专业知识的速度和强度全面提升,而且能确保教学效果达到令人满意的程度。

参 考 文 献

[1]戴磊,黎霞芳,詹晓梅等.虚拟现实(VR)技术应用于体育领域的研究进展[J].内江科技,2019,40(09):25-26.

[2]冯佳,安建强.虚拟现实技术在国内教育中的运用现状与趋势分析[J].开放学习研究,2020,25(01):39-47.

[3]顾鸿良,朱文华,蔡宝等.面向工程训练的混合现实技术开发与应用[J].上海第二工业大学学报,2020,37(02):159-164.

[4]黄聪.混合现实技术在轨道交通信号及控制专业教学中的应用与探索[J].大学,2021(10):107-109.

[5]孔玺,孟祥增,徐振国等.混合现实技术及其教育应用现状与展望[J].现代远距离教育,2019(03):82-89.

[6]李俊贤.VR虚拟现实技术在高职院校实践教学中的应用探索[J].信息与电脑(理论版),2020,32(12):238-240.

[7]陆超.虚拟现实技术:解决专业教学与生产安全矛盾的新思路[J].职业教育研究,2020(05):150-151.

[8]谭学飞,朱立达,韩萍.基于VRDO4.0平台的虚拟现实技术在实践实训教学中的应用[J].教育教学论坛,2020,(44):288-290.

[9]魏安顺,周印,谢坳.虚拟现实技术及其在制造业的应用[J].模具技术,2004(05):54-58.

[10]杨馨宇,黄斌.混合现实(MR)在教育教学中的应用与展望[J].中国成人教育,2020(13):52-57.

[11]张倩菡,李恺.VR技术在轨道交通类高职教育教学的研究[J].科技风,2020(23):65+67.

[12]陈娟.浅谈虚拟现实技术及其发展应用[J].电脑知识与技术,2012,8(35):8540-8541+8545.

[13]康楠.虚拟现实技术在高等教育中的发展应用[J].知识经济,2011,(01):123-124.